小児科専門医／医学博士
平岩幹男【著】

自閉症・発達障害を疑われたとき・疑ったとき

不安を
笑顔へ変える
乳幼児期の
LST

合同出版

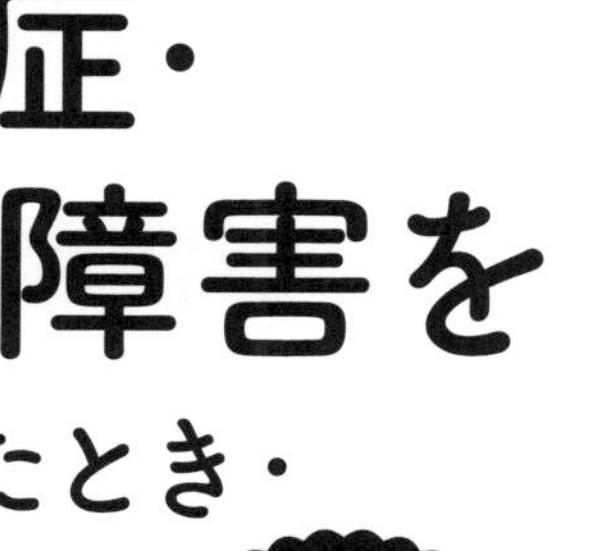

まえがき

子どもが長い時間をかけて大人になっていく途中に、さまざまな発達段階をたどっていくことはよく知られていますが、それでは「発達」とは何なのでしょうか。

広辞苑第六版では「生体が発育して完全な形態に近づくこと」となっています。何をもって「完全な形態」と言うのかもよくわかりませんが、言ってみれば生まれてから大人になる過程で、運動能力やコミュニケーション力や生活技能などを少しずつ獲得していくということなのでしょう。

人生を飛行機のフライトに例えると、飛行機が出発のためにドアを閉めてゆっくりと滑走路に向かう、これが妊娠中にあたります。この間に飛行場や機体のトラブルなどに見舞われることもあります。そして、いよいよ離陸です。離陸はパイロットがもっとも緊張する瞬間と言われていますが、これが出生にあたります。揺れながらぐんぐん高度を上げるときが乳幼児期、雲の上に出て風を切りながらさらに上昇を続ける思春期・青年期、そして安定飛行の成人期を過ぎて、徐々に下降して老化が進行し、着陸という人生の終末を迎えることになります。

離陸してから高度を上げる乳幼児期には、ちょっとした風や雲でも大きく揺れることがあり、不安になったり心配になったりすることもしばしばです。この時期は発達面で個人差が大きく、定型発達かそうでないかを見分けるのがむずかしかったり、ちょっとした行動が自閉症（自閉症スペクトラム障害）に見えてしまったりしがちな時期でもあります。子育てはただでさえ不安がつきまとうものですが、そこで発達の問題を疑われたり、あるいは自分で疑ったりすればどうしてよいかわからなくなります。

たとえ医学が進歩してきても、まだまだ治すことはおろか診断することすらむずかしい病気や障害もたくさんあります。しかし、時代とともに進歩していることもたしかです。私も医師になって40年の日々が流れましたが、10年前には診断や対応ができなかったけれども今はできるようになった病気や障害も数多くあります。私にとってとくに発達障害をはじめとした発達関連の課題への対応方法については、多くの子どもたち、大人の方たちにかかわっていくなかで会得したことを積み重ねてきました。

保護者が子どものことで何か問題を感じていたら、その問題にどのように具体的に対応していくかを、保護者と一緒に考えて実行してみることを基本にしてきました。期待どおりになる場合もあれば、苦労しながらのことも多く、模索しながら診療や相談を続けています。

子どもは生まれてから大人になるまで、少しずつ発達の階段をのぼっていきます。例えてみれば、毎年一段一段階段をのぼるようなものかもしれません。私たちは子どもの代わりに階段をのぼることはできませんが、落ちたり後戻りしたりしないようにフォローすることならできるかもしれません。

「ただ愛情を持って接すればよい」ということではなく、具体的にできる方法の一つが「ライフスキルトレーニング（LST）」の技術です。このライフスキルトレーニングは、発達の課題を抱えている場合だけに活用するのではなく、問題を抱えていない子どもにも活用可能ですし、すべての子どもの笑顔につながるものであってほしいと考えています。

乳幼児期に発達の問題を疑われたり、疑ったりしたときに、周囲や医療機関などがただ「様子を見ている」だけであったり、保護者が藁《わら》にもすがる思いで情報を探したりといったことが現在でもまだまだ少なくありません。そんなときに、どう考えてどう対応するかということの一助になれば、と考えて本書をまとめました。

対応が「うまくいく」ことが望みではありますが、そうではない場合も残念ながらあります。しかしその場合でもあきらめるのではなく、できることを探すことが大切だと思います。

子どもの時代は限られています。その時期に、50年以上続くかもしれない大人になったときの生活の質を、少しでも上げるためにできることがある、と私は信じています。

２０１５年11月　平岩幹男

もくじ

第5章　日常生活の問題

第6章 発達障害と医療・療育的対応

第7章　乳幼児健診への対応

第8章　就学に向けて

第9章　就学の後は

＊　本文中の前著とは『発達障害児へのライフスキルトレーニング』（合同出版、２０１５年）です。テーマの共通性から一部記述やイラストが重複します。
＊＊自閉症（自閉症スペクトラム障害：Autism Spectrum Disorder）は、ＡＳＤと表記しました。

第1章 発達とは？
親と子が「つながる」基礎工事から

子育て中は子どもに関するさまざまな情報に目が行きます。「発達障害」に関する情報を目にする機会も増え、「うちの子の発達は大丈夫かな？」「もしも自閉症（自閉症スペクトラム障害：ASD）だったらどうしよう？」という心配につながることもあるかもしれません。乳幼児健診などで発達の遅れや問題点を指摘されて不安になることもあります。子育て中はさまざまな心配事に取り囲まれる時期とも言えます。

私は発達の課題を抱える多くの子どもたちと、医師としてあるいは相談者、支援者として40年にわたってかかわってきました。そのなかで、ただ漫然と様子を見るのではなく、何かできることを具体的に見つけて、それを実行していくことの大切さを学んできました。

本章では、そこで得たことを中心として、発達の課題を抱えた、感じた、指摘された場合についてご説明します。

自分で気づく？　指摘される？

それまでは何の疑問も感じないで育児をしていたのに、ある日突然、自分で接した情報から子どもの発達に不安を感じたり、だれかに発達に関する問題を指摘され心配になったりする、ということは、だれにでも、どんな育児にもありうることです。

生まれてから大人になるまで、何一つ心配のない育児は存在しません。自分で気になった場合でも、だれかに指摘された場合でも、発達の問題は直接目に見えないことが多いため、いったん気になりだすと頭から離れず、ほかのことが耳に入らないという事態が起こりがちです。

そして自分を納得させる適切な情報を求めて動き始めるのですが、適切な情報に出会うことは簡単ではありません。逆にしばしば不安を煽《あお》るような情報を目にするかもしれません。保護者にとっては、自分の子どもが「発達の問題を抱えている」というレッテルをだれかに貼られることも嫌でしょうし、貼られたらどうしようと不安を抱える日々も楽ではありません。

保護者自身が気づくのは、何げなくテレビやインターネットを見ていたときに、少し気になっていた子どもの症状を目にしたからということが多いようです。他人からの指摘で気づくのは、親族や保育園・幼稚園からであったり、乳幼児健診の場であったり、ときには医療機関を受診した場合などです。

自分の子どもの発達に不安材料を見つけると、なおさら発達が遅く見えることもありますし、逆に不安が解消すると急に発達が目覚ましくなったように感じることはよくあります。発達が遅く見え始めると、何となく育てにくいと感じるようになることもあります。今までは「かわいい」と思っていたのに、「何か問題がある」と感じると、無条件のかわいらしさを否定することにつながり、自分自身の心が暗くなってしまうかもしれません。

ここで大切なことは、「できることがないということはまずない」ということです。結果がどうあろうと基本的に子どもへの対応は変わりません。そのためには信頼できるかかりつけ医や友人の存在が欠かせないかもしれませんし、もちろん情報を吟味しつつ集めることも大切です。どんなときでも何かできることはあるはずですから、それを探す努力をしてみましょう。

気休めのささやき

障害を疑われたとき、疑ったときのＮＧワードが三つあります。

「様子を見ましょう」
「温かい目で見ましょう」
「長い目で見ましょう」

私がこれらの言葉を使うことは基本的にありませんが、障害を取り巻く世界ではしばしばこうした「気休め的な慰め言葉」が使われます。

「様子を見ましょう」という言葉は医療の世界でよく使われます。今一つ症状がはっきりしないときなどにこの言葉が出ますが、医療機関を受診するときには主訴がありますから、「様子を見ましょう」と言われて改善しなければ、通常は再度受診するか別の医療機関を受診すると思います。

発達の問題についても同じです。もし「様子を見ましょう」と言われた場合には、「何を（症状）」「いつまで（時期）」様子を見るのかを明確にすべきです。

たとえば私は薬剤を使うときに、「約2週間で効果が出ると思いますから、そこまでは様子を見てください。しかし2週間経過する前に何か変わった症状が出るようであれば連絡してください」と限定して使います。

時期や状況を限定することもできず、よくわからないときに「様子を見ましょう」と言われた場合には、そう話した人が状況を十分に把握したり、具体的な対応策を提示したりすることができていないからだろうと私は考えています。

温かい目や長い目をみなさんは見たことがありますか？　私はありません。この言葉をさもやさしそうに口にする方を見かけますが、私から見れば「具体的に何をすればよいかがわからないので、とりあえずこの言葉でお茶を濁す」発言だと思います。

障害を抱えている方に気配りすることは必要です。しかし当事者や家族にとっては「今、何ができるか」が最重要課題で、同情やセンチメンタリズムは一時しのぎにすぎません。ですからこうした言葉が投げかけられたときには「具体的に何をすればよいのか」を聞いてみて、答えが返ってこなければ気休めだと考えて結構です。

ちなみに「もっと笑顔で接してください」「もっと一緒にいる時間を増やしてください」「もっとほめてください」……といった言葉もありますが、これらが「具体的」な指示ではないことは容易におわかりでしょう。

笑顔で接するのならいつ、どのタイミングで？　目合わせはどのくらい必要なの？　などを伝えるべきですし、もっと一緒にいる時間を増やすのであればどういう時間をどのくらい増やして、そこで何をするかも伝えるべきです。もっとほめるのであれば、どのような状況設定をして何回ほめるのかも伝えるべきです。くり返しますが、具体的でなければ気休めにすぎません。

どうやって情報にたどりつくか

情報は藁にもすがって見るのではなく、批判的、客観的に見ることが大切です。

薬が効いたという話だけが強調され、「効かなかったという話はない」場合には要注意です。どんな薬でも効く場合もあれば効かない場合もあり、副作用のために中断せざるを得ないこともあります。どんな治療でも「１００パーセント」有効ということはまずありません。

ですから効いたということだけを宣伝している情報は、とくに体の負担になるような処置や検査をする場合には、保険外診療、保険診療にかかわらず要注意です。

きわめて稀《まれ》で特殊な遺伝子異常の場合を除いて、発達の異常につながる疾患が血液検査でわかるのは、甲状腺機能障害くらいです（発達の遅れをともないやすい機能低下症についてはわが国では新生児マススクリーニングが全出生児を対象として行なわれており、もっとも多い先天性の機能低下症は生後1カ月までに診断されています）。ほかにも一般的な貧血や肝機能の異常などが見つかることもありますが、これらには発達と関連づける特徴的な検査所見はあまりないと思います。脳波やＭＲＩの検査でも特別の異常が見つかることは多くはないと思います。

これらの一般的な医学的検査ではなく、血液中の重金属を測る（髪の毛などを採取してアメリカなどに送る）、血液中の微量なビタミンを測定するなどの保険適用のない医学的（？）検査などを勧めているサイトなどもあります。

たとえば、ＡＳＤと水銀の関連については予防接種との関連を含めた論文が過去に出たため議論がありましたが、現在では国際的にも関連については否定的です。ビタミンやサプリメントについては比較データがないので詳細はわかりませんが、科学的根拠を持って有効という結果は今まで目にしていません。これらは後述の補充代替療法（１３６ページ参照）に関連しています。

私はこれまでに多くの発達障害を抱えた子どもから大人の方たちまでにかかわってきましたが、同じＡＳＤという診断をしても、症状や経過が同じということはなく、一人ひとり違いますので、すべての方に同じやり方で対応することはありません。

ですからワンパターンですべて何とかなると謳《うた》っていたら、そんなうまい話は基本的にはないので疑ってもよいと思います。適切な療育的対応のつもりで実行していても、うまくいくとは限りません。

ＡＳＤの療育ではＡＢＡ（応用行動分析）という方法があります（１２０ページ参照）。国際的にも認められ、私も基本的に用いている方法ですが、やり方によって質や効果は千差万別です。ＡＢＡという宣伝文句だけに惑わされるという危険性もあります。

医学情報にはエビデンスレベル（客観的にレベルが判定される）があります。医学論文については、治療であっても予後であってもエビデンスレベルに基づく勧告のグレード（Ａ：強く勧められる、Ｂ：勧められる、Ｃ：勧められるだけの根拠が明確ではない、Ｄ：勧められない）が多くのガイドラインなどで定められています。

発達の問題についてはＡのレベルのものは多くないのですが、ＢやＣの論文は多く出ています（Ｃには勧められるものとそうでないものが混在します）。Ｄはもちろん論外なのですが、実際にはＤレベルであっても商業的宣伝を行なっているものもあります。

こうしたことは一般の方にはなかなか調べにくい情報ですが、医師や研究者では療育・療法の医学情報に興味を持ち、よく知っている人たちがかなりたくさんいますので、気になったら探してみてください。

★どうしていいかわからない

子どもが生まれたとき、多くの方はその子の未来にたくさんの夢を描きます。ピアノを習わせたい、サッカーをやらせたい、自分ができなかったこんなことをやらせたい……などなどたくさんの夢が出てきますし、その夢を叶《かな》えるために努力しようとも思うようになります。

しかし、発達の課題を抱えているかもしれない、ASDかもしれないなどという話を聞くと、だれでも頭のなかが真っ白になってこうした夢などどこかに吹き飛んでしまうかもしれません。

外来診療でいろいろな子どもたちを診ていると、専門的な介入を急ぐ必要がない場合もあれば、すぐに相当の介入を必要としている場合もあります。しかし、どちらの場合であっても、私は「夢」を捨てることはお勧めしていません。

夢は見るものでしょうか、実現させるものでしょうか。私は後者であってほしいと考えています。夢は言ってみれば漠然とした「先」の目標です。できることを少しずつしていく、その延長線上に夢を具体化する作業があり、そしてその先のステップの実現のためにまたできることを、子どもと一緒に見つけながら実行する、そんな歩みであってほしいと考えています。

保護者がどうしていいかわからなくなる度合いは子どもの年齢によっても状況によっても違ってきます。しかし、発達の問題を抱えていると考えざるを得なくなった時点で、この「どうしていいかわからなくなる」感覚を抱えがちで、そうなれば先ほどの「気休めのささやき」にも耳が向いてしまうかもしれません。

どうしていいかわからなくなったときに必要なことは、具体的に何ができるかを冷静に考えることです。

子どもと「つながって」いますか

子どもと一緒にいて、一緒にいること自体が楽しいときには、心理的に子どもと「つながっています」が、不安を感じたり、子どもに自分がかかわろうとしても反応してくれなかったりしたりすれば、何となく「つながっていない」感覚に陥りやすいと思います。もちろんこれはずっとそう感じることもあれば、ときどき感じるという場合もあります。

夢がどこかに飛んでしまったとき、当たり前ですが保護者は何をしてよいのかわからない混乱の時期を迎えることがあります。そうすると、それまでの「かわいい」に影が差して、「つながっていた」はずの子どもとの関係性が切れてしまうことがあります。また、何となく育ててはいるものの、子どもと「つながる」ような関係性が築けていないこともあります。

児童虐待が加わった場合を除いて、ＡＳＤ・発達障害を抱えた子どもたちが、幼児期に愛着形成の障害である反応性愛着障害（Reactive Attachment Disorder：ＲＡＤ、なれなれしさとよそよそしさが混在することが多い）の症状を呈することはあまりないと思います。

ここで言う「つながる」とはどういうことでしょうか。親子の愛着（attachment）形成やその再構築ではないかと感じる方がおられるかもしれません。しかし、多くの親子が「つながる」ためのお手伝いをしてきた私の印象では、愛着形成や再構築というよりも、潜在的な愛着を顕在化（表に出す）させて実感していただくことではないかと考えています。

子どもに主導権を取られる

子どもとつながっていないと感じる状況になってしまうと一番困るのは「子どもに生活の主導権を取られる」ことです。びくびくしながら対応していると、それは子どもにも伝わります。おなかが空いただろうから母乳やミルクを飲ませる、汚れたらおむつを取り換える、そうした日常的な活動も、混乱した状態のなかでいわば「義務的」になってしまい、そのときの子どもの反応を感じたり、楽しんだりする余裕が徐々になくなっていきます。

そうなると、保護者はより混乱する→子どもとの心理的な距離感が遠くなる→うまくいかないと感じる、という負の循環が始まってしまいます。

ただ見ているだけで義務的にしているような育児では、乳児であっても幼児であっても保護者や養育者からの積極的な働きかけがないか、できないかの状況になるので、生活パターンの主導権は子どもが持ってしまうことが多くなります。泣けばすぐ母親はすぐにミルクを飲ませようとしてみる、おむつが濡れていないかチェックしてみる、そしてどちらでもなさそうであれば何をしたらいいかがわからなくなりがちです。そして主導権を持って楽しく育児をしていたはずの保護者が、主導権を持っていることを感じられず、育児が楽しくなくなるという事態になりかねません。

主導権を持つということは乳児期だけではなく、3歳になっても5歳になっても子どもと適切な関係性を築いていくためには大切なことです。

しかし、発達障害、とくにASDを抱えた子どもの場合は主導権をどうしても手放そうとしない場合はよくあります。外来診療では、家庭で粘り強くできることを重ねながら、少しずつ主導権を取り返してくださいとお話しし、その具体的な方法もお話ししています（28ページ参照）。

行動は、「主導権」と「動機（motivation）」と「意欲・意志」によって成り立ちます。この三つの関係はとても重要なので少し説明しておきます。

何かをしたいときに（動機）、自分ですることが可能であれば（主導権）、その行動を意欲（自己決定権）がある状況で実行します。

たとえば大人が働くという場合を考えてみましょう。自分のために、家族のためにお金がほしいということは動機になりますし、そのために働くのであれば意欲も出て、働くことを自己決定します。

しかし、収容所などでの強制労働では主導権も働く動機も自己決定権もなく、労働を強制されます。これでは楽しくありません。保護者が主導権を持つといっても、それは子どもを強制的に行動させることではありません。

たとえば、子どもに食事をさせたいときに

「おなか空いていてたらごはん食べる？」

「うん」

「じゃあ食べて」

と話してから実際に食べるのであれば「動機づけ」も「行動」もともなっています。

逆に、

「準備ができたからごはん食べなさい」

「……」

だと、保護者が主導権を持っていても子どもの行動への動機づけや自己決定を無視して進めていることになり、いずれは行き詰まります。療育などでうまくいかないときにはしばしばこれがあてはまります。

親が主導権を持ちながらも、命令ではなく子どもが「自己決定」できるように働きかけましょう

子どもの行動への「動機づけ」とそれにともなう行動への「意志」がともなってこそ子どもが「自己決定」でき、望ましい行動につなげていくことができます。

外来を受診され、まだかかわりをどうすればよいのかわからずに保護者がとまどっている場合には、いつの間にか主導権は子どもが握っており、保護者はそれを見ているだけという状況に陥っていることがしばしばです。そんな保護者を尻目に子どもは自由に動き回り、気に入らないことがあると泣いたり、保護者を攻撃することすらあります。

ヤドカリへの対応

子どもが主導権を握ってしまうと、いつもヤドカリの殻のなかにいて、おなかが空いたり何か要求があったり、周囲の人間が必要だったりするときだけ殻から出てくる、そして要求が満たされればまた殻に戻っていくというパターンになってしまうかもしれません。

何とか子どもに働きかけようとしても殻のなかに入っているのでは簡単には反応しません。そこであきらめてしまえば時間だけが過ぎていきます。

ずっとヤドカリの殻のなかに入っているように感じることもあれば、ときどきヤドカリの殻のなかに入ってしまって、外界と断絶しているように感じることもあります。これは子どもによりさまざまです。

これは私の経験からですが、たとえばＡＳＤではこのヤドカリと感じる時期が長ければ長いほど、療育的な対応が困難になり、また効果も減少してくるような印象を持っています。実際に受診される年齢や症状の経過がさまざまであるため、またいつから殻に入っていたのかはわからないことが多いので、これを科学的に証明することは困難です。

しかし、実際に外来を受診されＡＳＤと診断された方を比較してみると、興味深いデータがとれました。３歳時点の発達に大きな差がなくても、就学が通常学級であった36名と、特別支援学級・学校であった28名の比較では、診断年齢、療育開始年齢が早かった通常学級就学群のほうが、６歳時点での発達状況もより良好でした（この報告は厚生労働科学研究の一環として私が神尾班で行なったものであり、報告自体は公表されていますが、研究自体は継続中であるために査読のある専門誌への投稿はまだ行なっていません）。

このことは、ヤドカリと感じる時期が長いことが発達の経過に関連する可能性が高いことを示唆しています。

ではヤドカリの殻のなかにいる子どもたちは周囲の人たちと絡むことが嫌なのでしょうか？　周囲の人は必要がないのでしょうか？　そうではなくて周囲と絡む方法がわからない、知らないだけなのだと思います。

可能性を信じる

たとえ、子どもと「つながっていない」と感じたとしても、できることは必ずあります。それはお金をかけることでもなく、何かを食べさせることでもなく、特殊なトレーニングをしようということでもありません。

切れてしまったかもしれない関係性を復活させる、実感できなかった子どもとの関係性を再構築する、それらはもちろん簡単ではありませんし、急いでもうまくいかないと思います。少しずつ、時間をかけながら……一歩ずつです。

そして、できるようになるために必要なことがもう一つあります。アメリカの心理学者ロバート・ローゼンタール（Robert Rosenthal）が名づけた「ピグマリオン効果」と呼ばれるものです。

昔ギリシャのピグマリオン王は大理石で女性の彫刻をつくり、それを見ているうちに彫刻に恋をしてしまい、実際に生身になってほしいと強く願っていたところ、女神が命を吹き込んでくれます。その話から、ローゼンタール自身も心理学的な実験を行なった結果「ピグマリオン効果」と名づけたのですが（実験自体の信頼性に疑問があるのでくわしくは紹介しません）、要するに「何事もできるようになると信じると成果が出やすくなること」だと思ってください。

できるかな、できないかなと疑心暗鬼になるのではなく、「きっとできるようになる」と思って子どもに対応することが大切だと考えています。

目標は「つ・な・が・る」be connected to

目標は「つ・な・が・る」です。これは、私がこの本のなかで一番伝えたいことです。

親と子が「つながっていない」状況では、ライフスキルトレーニングであれソーシャルスキルトレーニングであれ、上手に行なうことはできません。

乳児期からASDを疑うことは困難ではありますが、アメリカでは症状を評価するツールも開発されています。その一つであるCSBS DP（Communication and Symbolic Behavior Scales Developmental Profile, Infant/Toddler Checklist：発達面におけるコミュニケーションと象徴的表出行動の評価、乳児・幼児前期チェックリスト）は、ASDにおける乳児期の症状の評価法です。点数でチェックし、診断まではできませんが、疑った場合の評価の助けにはなります（http://brookespublishing.com/wp-content/uploads/2012/06/csbs-dp-itc.pdf）。

アメリカ小児科学会が制作している「Ａｕｔｉｓｍ」というDVDがあり、そのなかでもCSBS DPを日本語で紹介しています（『Ａｕｔｉｓｍ』アメリカ小児科学会編、岡 明・平岩幹男監訳、日本小児医事出版社、２０１５年）。

ところが同書には共同注視（Joint Attention：JA、電車を子どもが見つけて指差し、母親も

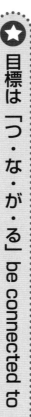

一緒に見るなど）が重要であることも力説されていますが、CSBS DPでASDを疑ったときにどう対応するのか、どうやってJAができるようにするかという具体的な対応については書かれてはいません。

しかし、私が乳児期の子どもにASDを疑ったときは、具体的に対応します。それは、ごく普通の定型発達の子どもたちに対して日常的にしていることを、気分次第ではなく、より計画的に意図的に毎日やってみようということです。もちろんヤドカリの殻から出てくるように信じるピグマリオン効果も重要です。

以下に親と子が「つながる」ために、私がお勧めしている具体的な方法を紹介します。それぞれに優先順位はありませんので、できそうな方法を毎日2～3回でもかまいませんから試してみてください。ただし、「つながる」方法を行なうには次の三つの条件があります。

1. 限度は10秒（長くしつこくしようとするとだいたい失敗します）

2. 子どもが空腹などで要求するタイミングをねらう
（ここでも10秒以内です。しつこくするとうまくいきません）

3. 1秒つながったと感じたら大成功だと思ってください
（本当は一瞬でもよいのですが、まずはつながったと感じられる瞬間をつくることです）

親と子が「つ・な・が・る」7つの方法

❶タッチ

手を伸ばして子どもと手のひらを合わせます。できなければもう一方の手を添えて子どもの手を支えます。子どもの名前を読んだり、かわいいねと言ったり、笑顔で言葉がけをしながらタッチします。

❷本の読み聞かせ

本を見せながらでもかまいませんが、なるべくなら本ではなく子どもの様子も見ながら、感情を込めて読みましょう。目が合わなくてもめげずにくり返すことです。

タッチする

本の読み聞かせをする

❸手遊び歌

子どもと向き合って手遊び歌を歌いながら動作も加えてみましょう。動作を子どもが目で追ったり、歌に反応したりしたら大成功です。声と身振りで喜びましょう。

❹言葉のシャワー

時間があるときにはなるべく子どもと向き合っていろいろなことを話してみてください。周りに見えているもの、今日食べた物、今までの楽しかった思い出、何でも結構ですが、言葉のシャワーの時間にはテレビやビデオは厳禁です。

手遊び歌で遊ぶ

言葉のシャワーをかける

❺まねっこ

子どもがしている動作をまねしてみてください。お皿をたたいている、テーブルをこすっている、何でもかまいません。まねをしているうちに子どもが手を止めて、少しでも興味を持ってこちらを見たら大成功です。表情豊かに声かけをしてみてください。

❻ボディタッチ

感覚過敏のある場合にはボディタッチを嫌がることがありますが、それでも一瞬ならば多くの場合は大丈夫です。おなかをこちょこちょ、ほっぺたをすりすり、手のひらをなでなで……いろいろあります。ボディタッチをしてみて目

まねっこをする

が合ったときにはつながった感じがすると思います。

❼目合わせ

つながっていないと感じるときには子どもと視線が合いにくいと思います。ほしい物には手を伸ばすのに保護者の目は見てくれない。こういう状況です。乳児であったらまずは呼びかけですし、子どもの両手を大人の両頬に当ててみるという方法もあります。最初は一瞬でもいずれは長続きすればと願っています。目が合ったと思って何度もしつこくくり返さないことも、いずれちゃんと合うようにするためのコツです。

目合わせをする　　ボディタッチをする

★ 療育のための基礎工事

「つながる」ためのこれらの方法は、定型発達の子どもにしてみても、子どもへの保護者によるさまざまな働きかけへの反応が強化されるだけで、とくに問題はありません。ですから発達に課題を抱えている子どもに、同じことを計画的に、くり返して行なったとしても何か新たな問題が起きてくるとは思えません。

この方法は一日に何度も気分を変えながら行なうことができます。週に何回か施設などに通って行なうのではなく、やはり一緒にいる時間の長い保護者が行なうのが一番よいと考えています。

これは療育を始める前に必要な練習で、それを私は「基礎工事」と呼んでいます。くれぐれも一生懸命のあまり、しつこくならないように、楽しくできるように気をつけてください。

基礎工事は、私は生後6カ月児にしてみた経験もありますが、多くは1～3歳で行なっていま す。基礎工事をしながら、「つながる」をより具体的にする方法が、次章で紹介するライフスキルトレーニング（LST）です。

第2章 LST（ライフスキルトレーニング：生活技術訓練）

たとえば、言葉を話すことができない場合に言葉のことだけを何とかしようと考えるのではなく、日常生活習慣や運動発達も視野に入れて、全体としての発達を支えるという考え方が重要です。

人間が発達していくためにはいろいろなスキルが必要です。言葉や文字、計算などを含めたアカデミックスキル、運動能力であるフィジカルスキル、そしてそれらを支えるとともに生活全般を支えていくのがライフスキルです（図①）。これらはいずれもスキル（技術）ですか

図①　身につけるべき三つのスキル
アカデミックスキル・フィジカルスキル・ライフスキル

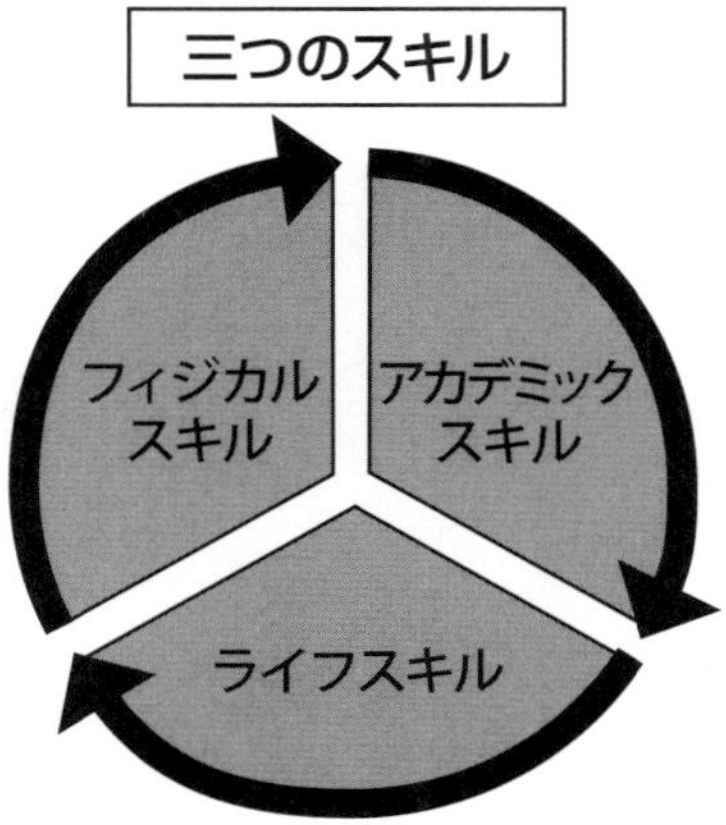

ら、できなければ練習してできるようになればよいわけです。

ここでは、生活全般を支えていくライフスキルを習得するためのライフスキルトレーニング（Life Skills Training：LST、生活技術訓練）についてお話しします。とくに「つ・な・が・る」を強化し、維持していくためのLSTについて説明していきます。

ライフスキルとは

WHO（世界保健機関）では1997年に精神保健プログラムの一つとして「通学している学童や思春期の子どもたちのためのライフスキル教育」について紹介し、そのガイドラインを発表しました。ここでライフスキルとは「日々の生活において要求を適切に処理したり課題をこなしていくことができるようになったりするために必要な、社会適応や積極的な行動ができる能力」と定義されています。

WHOの定義では、子どもの時点で必要な能力とされていますが、年齢が5歳であるのか10歳か15歳かによって必要とされるスキルは違います。ですから私は、ライフスキルは大人になっていく過程のなかで身につけていくことだと考えています。

WHOのライフスキル教育には10項目が挙げられています。詳細は前著『発達障害児へのライフスキルトレーニング』（合同出版、2015年）をご覧ください。10項目のなかにはあいさつや片づけなどの日常生活習慣の確立にはふれられていませんが、定型発達児はもとより、発達障害を抱えた子どもたちにとっては、日常生活習慣の確立は将来の生活を支えるうえでも欠かせないスキルです。

ライフスキルを適切に習得するために必要なのがＬＳＴです。習得には一定の方法があり、技術であるとすれば再現性も必要です。

私はＬＳＴのポイントは、表①のように考えています。

保護者がトレーナーになる

ＬＳＴは医師や保健師、看護師などの医療職も、言語聴覚士や心理職、教員、幼稚園教諭、保育士などの専門職も一定の学習と理論に基づく練習をすれば習得できると考えています。しかし、それだけではなく、ぜひ保護者の方もＬＳＴの技術を取り入れていただきたいというのが私の願いです。

とくに子どもと「つながる」をつくり上げていくことと、

表①　LST（生活技術訓練）の特徴

1	現在抱えている問題点だけではなく、大人になって社会に出ることも視野に入れよう
2	言語的なアプローチだけではなく、非言語的なアプローチも使おう
3	対人関係などだけではなく、自立に必要な日常生活習慣も習得しよう
4	困難があれば、あるいは予測されれば、対応を練習しよう
5	トレーニングはさせる側もする側も、理論に基づいて行なおう

それを強化してゆく過程は、保護者が一番効率よく実行できると考えています。それによって子どもたちも大きく変わっていくと思います。

しかしこれは「母親なんだからやるのが当然」ということではありません。私はもし保護者がLSTを実践されるとしても、それは役割から強制するのではなく、自ら楽しくできるようになればと考えています。そして、それを医療職や専門職の方々が支えることができたらと思っています。

LSTのなかで最初に取りかかるのが「つながる」をつくることです。「つながらない」としばしば感じていたり、ときどき感じていたりするときに、少しでも「つながる」瞬間はわくわくする瞬間でもあります。

リハビリテーションの原則は、「たまにまとめて」ではなく「少しずつでも毎日」するです。この面でも、たとえば週に1回しか行かない通所施設や療育施設よりは、保護者が行なったほうが圧倒的に有利です。

この本を読まれる保護者のお子さんの年齢や発達段階はさまざまだと思います。同じようにASDだと診断されても、一人ひとり対応は異なります。ここから先はお子さんの状態に合わせて、できるところから「いいとこどり」をしてください。もしうまくいかないようでしたら28ページの「つながる」ための方法に戻ってみてください。

体の一部分をさわる

つながるために有効な手段の一つは、体を軽くさわる「ボディタッチ」です。これは非言語的なコミュニケーションです。恋人同士がよく手をつないでいるのも、同じようにつながり感を確認しているためだと思います。

たとえば、ASDで感覚過敏（触覚が過敏であるためにさわられるのを嫌がる）がある場合には、しつこくさわったり強くさわったりすることは逆効果です。ハイタッチしたり手を上げなくても一瞬だけさわって注意をひいてみるだけでもかまいません。「つながり」を求めるときには有効な方法です。

さわる場所は子どもによってさまざまです。手が一番多いと思いますが、なかには

手・首・ほっぺたなど、子どもが喜ぶところを探してさわります

ほっぺたという子もいますし、首の横という子どももいました。いろいろな場所にさわってみて、喜びそうなところを探してみてください。

あくまでしつこくしないでさらっとさわり続けていると、さわられることにも慣れてきます。笑顔でゆっくりと話しかけながらやってみてください。

指差しができるように練習する

指差しにはあれがほしいという要求の指差し、物の名前を言ってそれを指差す指示の指差し、一緒に同じ物を見て共感する共同注視（Joint Attention：ＪＡ）の指差しがあり、徐々にむずかしくなっていきます。

しかし、ＡＳＤを抱えていると指差しができないことも多いので、クレーン現象（何かほしい物があるときに母親の手をとってほしい物のある場所に突進するなど）もしばしば見られます。クレーン現象があるからＡＳＤだと考えるのではなく、クレーン現象は子どもが「つながり」を求めているサインとも考えられます。こうした要求のあるときは、いろいろなことをしてみるチャンスです。指差しができるようになればクレーン現象が激減します。

指差しは指を添えて練習します。やり方は2通りです。子どもの人差し指に親が指を添えるか、手を上から覆って人差し指だけにしてみるかです。

初めのうちは指差しが手全体を出す手差しになっていることもあります。指差しができなかった子どもが初めて指差しをする……頼りなさそうな手つきですが保護者の方は感動されるようです。指差しは独りぼっちですするものではないので、どのレベルの指差しでも「つながる」の始まりです。

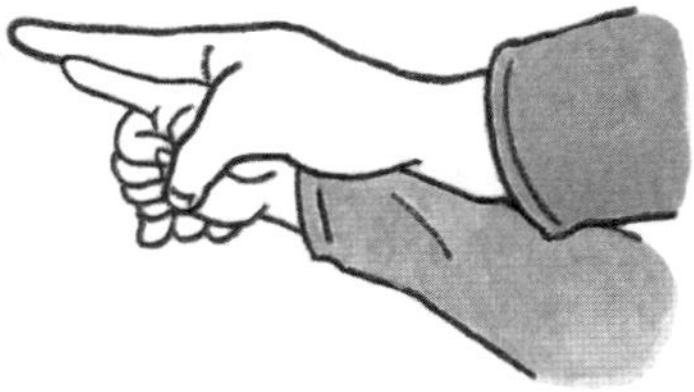
子どもの人差し指に親が指を添えます

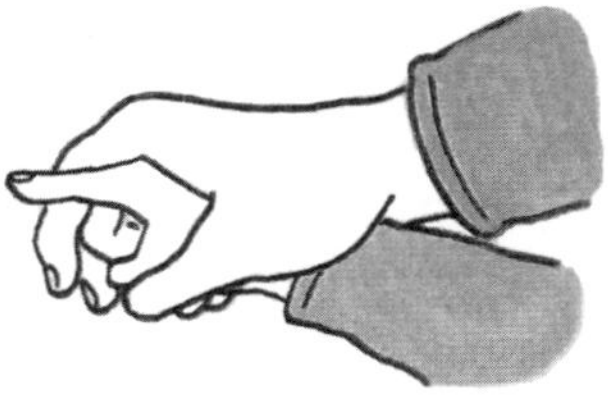
手を上から覆って人差し指だけにします

タッチとハイタッチ

手と手を合わせるタッチはいろいろなシーンで出てきます。最初は手を上げなくても手を出してさわるだけでかまいません。先ほどのボディタッチの要領です。声をかけながらタイミングを見計らってパチンという感じです。そのときに視線が合えばよいのですが、なかなか合わないこともあります。それでもめげずにくり返しているうちに合うこともあります。

幼児期に入って手挙げができるようになったら、ハイタッチの練習です。ハイタッチは私が外来診療をしていてしない日はありません。幼児から大人までオーケーです。みなさんも久しぶりに親しい人に出会ったときなどにすることがあると思います。互いに手

表② ハイタッチのポイント

1	お互いの手は目より上に上げる →低い位置ではなく、目よりも高く上げます。物を見るときにまっすぐ前と少し下を見ることには努力は要りませんが、少し上を見ようとするとそうしようという意思が必要です。
2	できればお互いの目の高さをそろえる →目の高さをそろえたほうが、目を合わせやすいですし、相手がうれしそうにしている、よろこんでいることが確認できます。
3	パチンと音を出す →音が出ることによって達成感が強調されます。達成感を味わうのは「子ども」なので、子どもに音を出させてください。うまくできないときには大人が少し音の出し方を教えるとすぐにできるようになります。

- あいさつにも
  ご褒美にも
  ほめることにも
- お互いの目よりも
  高い位置で元気に
  パチンとハイタッチ
- 嫌いな子は少ない
- ロータッチではなく！

タッチで達成感を与えます

を上げて相手の手に合わせパチンと音を出すわけです。

しかし、漫然と行なうわけではありません。効果的に行なうためには意識して練習することも必要です。前著にも書きましたが、表②はハイタッチのときに気をつけることです。

なお、タッチもハイタッチも言葉を使わずに動作で行なう「非言語的」な対応ですが、言葉を話すことのできない子どもとするときには、「やったね」「すごいね」「ありがとう」など必ず言葉もかけてください。いずれも後述の「ほめる」につながっていく大切な「技術」です。できることを信じながら少しずつです。

手挙げと目合わせ

定型発達の子どもの場合、1歳6カ月頃には、練習をすれば名前を呼ぶと「ハーイ」と手を挙げることができるようになってきます。それができるようになったら、手を挙げたらハイタッチをして「ほめる」という連続技を目指します。

ASDを抱えているなど、定型発達でない子どもの場合にはなかなか呼んでも反応してくれないこともありますし、手を挙げるのもお手伝いが必要かもしれません。「ハーイ」が出なくてもかまいません。手もまっすぐに上げられず前に突き出すようになることもありますが、それでもかまいません。

次は、名前以外のことでも手が挙がるようにしましょう。最初は「加藤さくらちゃん」↓「ハーイ」と言って手を挙げる。次には「今からご飯食べる人」「今からお風呂に入る人」という呼びかけに対しても手を挙げさせ、実行したらそのままハイタッチです。

　言語が理解できていない場合には手挙げはむずかしい面もありますが、言語が理解できているけれどつながり感の少ない場合には、手を挙げて視線が合うとつながり感を感じるので有効な方法です。

「今からご飯食べる人」「今からお風呂に入る人」という言葉に対して手を挙げた時点で、子どもはその行動をすることを自己決定しています。

「さっさとご飯食べなさい」ではなく「今からご飯食べる人」→「ハーイ」→「じゃあご飯食

- 「○○できる子、手を挙げて」
  「○○する子、手を挙げて」
- 「ハーイ」と言いながら手を挙げる
- そこでまずほめる
- それから指示を出す
- 注目させてから指示を出す→モチベーションを上げる

ハーイと手を挙げて自己決定させる練習をしましょう

べよう」という声かけになれば、命令をしなくても自己決定に基づいて行動ができるようになってきます。「今からお風呂に入る人」も同じです。

自己決定した行動は、命令されたり禁止されたりする行動よりも行動に対するモチベーション（動機づけ）が高いので、実行しやすくなります。これは子どもだけではなく、大人になっても同じです。

この自己決定させる方法でもっとも難易度が高いのは、子どもが何か好きなことをしていたり熱中したりしているときに「○○○できる人」「○○○おわりにできる人」と声をかけてそちらの行動に振り向けることです。

この場合、できるたびにシールを貼って（もちろん子どもが貼ってもよいです）、それが3枚貯まるとご褒美の小さなビスケットがもらえ

ハーイからハイタッチに（自己決定させ達成感を与える）

る、という方法でかまわないと思います。

「指示する→手を挙げる→実行する→ほめる（ハイタッチ）」のサイクルをたくさん回しているうちに、少しずつつながっている感じが強くなっていくと思います。

ほめるサイクルを回す

指示をして、それが実行できたらほめる。当たり前のことですが、このサイクルが原則です。しかし、日常生活では指示してもできなくて怒る、叱るというサイクルで回りがちです。

ほめる方法はハイタッチでも、シールを貼るでもかまいませんが、ほめる言葉かけは忘れないでください。このサイクルを一日に50回くり返すことが目標です。最初は10回でもかまいませんが、外来では回数を記録してくださいとお話ししています。49ページで紹介するお手伝いを取り入れるとほめる回数が飛躍的に伸びます。

指示してできるようにするためには指示を聞いていることも大切です。横や後ろから声をかけるのではなく、できるだけ前から目を見て指示を出してください。

指示したことが理解できていなければ実行はできません。単語だけではなく文章でわかりやすく語りかけてください。「りんご」ではなく「りんごをとってね」と言います。

できることだけではなく、まだできないことを指示することも大切です。そうしないとできることが広がりません。できないかなと思ったときには手伝ってください。手伝ってもできることが大切ですし、手伝ってできたから「当たり前」ではなく、指示した結果に手伝ってでも到達したのであれば、ほめることは欠かせません。

手伝うことは減らせます。少しずつ手伝いを減らして、最後は自分一人でできるようになればよいのです。たとえば「ボタンをはめる」という動作も、細かく分ければ10個くらいのステップになります。手を添えることも含めて手伝ってでもできたらほめることです。

ほめるときは秒速でほめてください。秒速とは1秒以内ということです。ほめようと思っているうちに子どもの視線が別の物に動いてしまうと、それから後出しでほめ

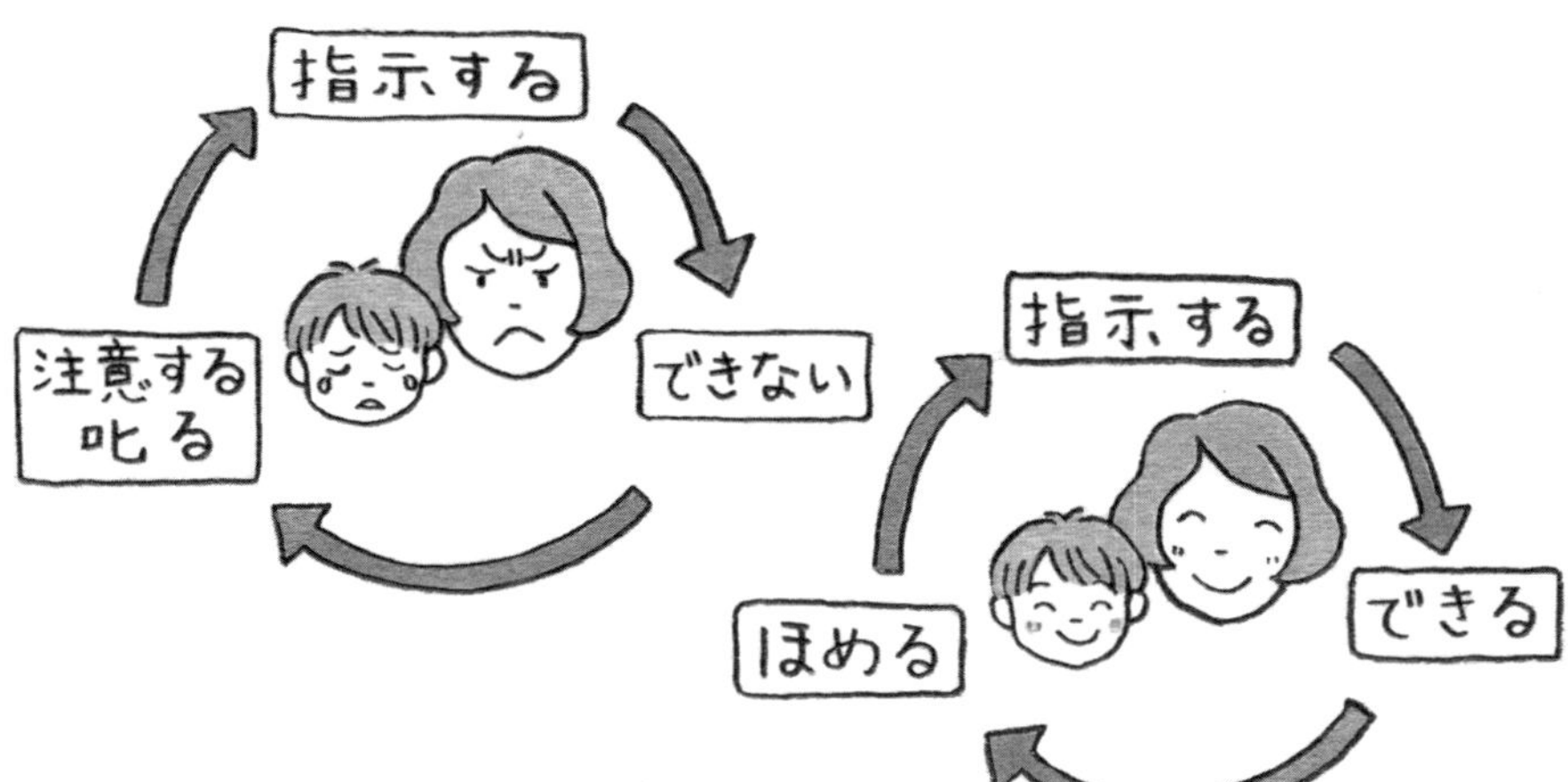

指示してもできなくて子どもを「注意する」「叱る」サイクルではなく、
子どもを「ほめる」サイクルをたくさん回しましょう

ても効果がありません。それだとほめられてうれしそうな、あるいはちょっと表情の緩んだ子どもの顔を見ることはできません。

ほめる

だれでもほめることの重要性は知っていますが、実際に「一日に何回ほめていますか」と聞かれたら、答えに詰まることが多いと思います。具体的にほめる回数を増やすことが大切で、ほめた回数も記録します。そのために先ほどのサイクルを回しましょう。もちろんハイタッチもほめることに使えます。

ほめ言葉は、実際に口に出してほめることをしなければ、いつまでたっても上達しません。イメージだけのトレーニングでは効果はないと思ってください。そして、LSTはくり返して

- できるためには
  →わかる指示をする
- できないことをできるようにするためには
  →手伝い
  →手伝ってもできたら
  「ほめる」

お手伝いをしたら当たり前ではなく、きちんとほめます

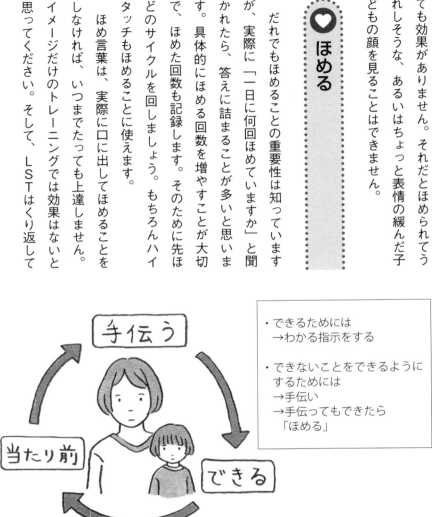

練習することが基本です。

・やったね
・すごいね
・すばらしい
・かっこいい
・かわいい

とりあえずほめ言葉を5個挙げてみました。

このなかで毎日使っているのは何個ですか？

私は「やったね」「すごいね」「さいこう」「さすが」「かっこいい」は基本的に毎日何回も口に出して練習しています。外来診療の前や朝のウォーキングのときですが、何日か練習しないと1秒では出てこなくなるからです。ほめるのは秒速といっても練習していないと1秒では出てきません。ほめなくてはと思ってからほめて

「ほめる原則」にしたがって、ほめる練習をしましょう

いると、2秒、3秒という時間が過ぎますし、時間がたてば、ほめたとしても子どものうれしそうな反応は小さくなります。

また秒速でほめることができるようになったとしても、つねに「すごいね」だけだと、1週間もすれば子どもの反応が鈍くなってくることがあります。最低でも5個のほめ言葉を秒速で使えるようになり、いろいろなほめ言葉を使っていれば反応は鈍くなりません。

ほめ言葉を増やすことにはもっと大きな意味があります。それは、人には、ほめ言葉の種類が増えれば増えるほど使ってみたくなるという傾向があるからです。それは、そのまま子どもがほめられる回数が増えることに直結しますし、ほめることが増えるということは自分の指示が通っているということですから「つながり感」も強くなっていきます。

ほめることが上手な人と下手な人の違いは何でしょうか。それは、ほめるのを「待つ」か「待たない」かということです。ほめるのが上手な人は待たないですぐにほめます。ほめるのが下手な人はできてからほめようと思って、待つことがよくあります。待っていると、途中まではうまくいっていたけれども、結局最後まではうまくいかなかったので、ほめる機会を失ってしまうかもしれません。途中までうまくいっているときにほめて声かけをしていれば、最後までうまくいったかもしれません。

ほめる原則は以下のとおりです。

1. 秒速でほめる
2. 待たないでどんどんほめる
3. ほめ言葉のレパートリーを増やす
4. 口に出して毎日練習する

お手伝いの出番：ありがとう

それまでほめていなかったのに急にほめだしたら、子どもは何か変だと感じるでしょう。大人だって急にほめられ始めたら、何か下ごころがあっておだてていると感じるかと思います。子どもも同じです。

そういうときには「ありがとう」の出番です。ありがとうと言われたときは普通は下ごころを感じません。それは何かをしたお礼に言われることが多いからです。ありがとうと言われて嫌な気持ちになることもまずないと思います。ですから「ありがとう」は「ほめ言葉」の一つだと考えることができます。だとすれば、子どもに何かをさせて「ありがとう」を言えばよいのです。「リモコンとって」「これ捨てて」「お皿とって」「タッチして」などなど、どれもできたら「ありがとう」の出番です。最初の三つはまさにお手伝いです。

外来診療でお手伝いを一日に30回させてみてください、とお話ししました。次にお母さんが来られたときに「10回させたら後は思いつかない」と話されていました。そんなときには、お手伝いにつながるような場面をわざとつくればよいのです。たとえばプチいじわるという方法もあります。お皿をわざと少し遠くにおいて「お皿とってね」↓取ってきた↓「ありがとう」、机の上のボールペンをわざと落として「ボールペン拾ってね」↓拾った↓「ありがとう」、これなら簡単です。

最後は笑顔で終わるので、手を変え品を変え、何度でも回数を重ねることができます。これなら30回も可能だと思います。そして「ありがとう」の瞬間、つながっていることが確認できるかと思います。こうした反復練習がＬＳＴです。

お願いしたお手伝いができたら「ありがとう」を言う。
このサイクルを何度もくり返しましょう

がまんしてほめられる

幼児期にはなかなかむずかしいことですが、社会的な生活範囲の広がりにともなって「がまんしなければいけない」場面が増えてきます。じっと座っていなければいけない、静かにしていなければいけないなど「がまん」を要求される場面が増えるということです。

そうしたときに「座っていなさい」「静かにしていなさい」と一方的に命令していませんか？先ほどもご説明したように、命令や禁止をするよりもまずは自己決定権を使わせることです。もしそれだけでがまんができないときには「がまんしてほめられる」ことが必要になってきます。

前著でかなりくわしく説明していますが、がまんしなければいけない場面では「がまんすること」を伝えるとともに、「がまんできたらほめられる：ご褒美がもらえる」ことも伝えます。

ご褒美がないとがまんしなくなるという声が聞こえてきそうですが、大人だって嫌な仕事も給料がもらえるからがまんして働いているのです。したい仕事だけしていればよいということはないでしょう。

ご褒美は「やったね」「ありがとう」などの声かけはもちろんですが、シールを貼る、シールを貼って貯めてご褒美に結びつけるなど何でもかまいません。

ただし、おもちゃなどを買うということはお勧めしていません。人間の物欲には大人も子どもも限りがないので、次も物を要求しますし、要求はエスカレートしがちです。ですから「アイス」など食べたらなくなるもの、「動物園」や「スーパー銭湯」など行ってしまえば終わるものをお勧めしています。

がまんすることをいきなりその場になってから命令するのではなく、普段から座る練習、「お口にチャックで手はお膝」の練習など、がまんしてほめられる場面を想定して、事前に練習をしておきましょう（これを「仕込み（preparation）」と言います）。最初は5秒しかがまんできなくてもかまいません。準備もなしにいきなり「がまんする」のはむずかしいと思います。

そして、がまんできたときには思い切りほめてください。それが次もがまんできることにつながります。当たり前だと思ってせっかくがまんしていたのに、そこでほめずにスルーしていると、次はきっとがまんできなくなるでしょう。がまんも練習が必要なＬＳＴの一つです。

叱る

「ほめてばかりで叱らなくてもよいですか」と聞かれることがあります。高いところから落ちそうなど安全にかかわることでは叱らざるを得ないこともありますが、基本は「ほめましょう」とお伝えしています。

あなたが仕事をしていて、うまくいったので上司が三人出てきてほめてくれました。一人目も二人目もそして三人目も、たぶんあなたはニコニコしてほめ言葉を聞いていると思います。

逆に失敗して同じ上司が三人出てきました。一人目に叱られているときは、仕方がないと思って聞いていますが、二人目のときにはそろそろやめてくれないかなと思うでしょうし、三人目は聞き流している可能性が高いと思います。

ほめることは同じ度合いでも効果が持続しますが、それは「ほめられること」が蓄積されるからです。しかし、叱られることには慣れてしまいます。最初に怒鳴って静かにさせたとしたら、次にはもっと大きな声で怒鳴らないと効果が出ません。これが叱ることの不利な点です。

また、前著でもご説明しましたが、叱るときは「3秒ルール」です。「ほめるは秒速、1秒以内」でしたが、叱る・注意するときには、安全にかかわることでなければ3秒待ってくださいとお願いしています。

3秒待てば怒りのエネルギーは半減しますから、冷静に注意をしたり、なぜしてはいけないかを話したりすることができます。瞬間湯沸かし器のように秒速で叱っていては感情をぶつけているだけですし、そうなれば子どもも感情をぶつけてくる可能性が高くなりますから、「うまくいかない」サイクルにはまってしまう恐れがあります。

ほめるは1秒以内の秒速、叱るは3秒待ってからです。この3秒ルールも練習が必要です。最初は1、2、3と声に出して「やめなさい」、次には頭のなかで1、2、3と数えて「やめなさい」です。練習しないとうまくできるようにはなりません。実際の生活ではしばしば、叱るが1秒でほめるが3秒になりがちです。

切り替え、ほめて消す

それでは唾吐きや床に寝転がるなどの不適切行動に対してはどうしますか。叱ったり注意したりしても効果が乏しいことが多いので、無視する、タイムアウトする（その場から隔離してクールダウンさせる）といった対処法が多くの書籍などに紹介されています。しかし、それもなかなかうまくいかないことが多いと思います。

不適切行動の場合には、言語が理解できるのであれば、まずは「ほかの指示を出す」ことです。それが実行できたらほめて、「ほめる」サイクルを回すようにします。

もちろん日頃から問題行動の出る場面を設定して、くり返し「仕込み」（事前練習）をしておくことが大切です。仕込みで「がまん」できたら思い切りほめてください。切り替えについてはまた第5章でもふれます。

何とか叱らずに、感情的にならずに切り替えられることが重なってくれれば、不適切行動で感じた「つながらない感」を「つながる感」に変えられると思います。

焦らない、急がない、あきらめない

「つながり感」をつくり、それを育てていくことはしばしば大変な作業です。時間経過とともに焦りが出てくるかもしれません。しかし、子どもが大人になって社会に出ていくまでにはまだ長い時間がかかります。「今」も大切ですが同じように「未来」も大切です。

行き詰まったと感じたら気分転換を図ってください。少しぜいたくなランチでも美容院でもジョギングでもお買い物でも何でもかまいません。子どもにばかり「切り替え」をさせ、保護者は「切り替え」ができずに悪循環に陥ることもあります。

すべては基本的にスモールステップです。一度に歩けるのは一歩だけ、十歩も百歩も一度には歩けません。急いでうまくいかない、うまくいかないからこころが折れそうになってあきらめてしまいそう、そんな言葉をよく聞きます。

焦らず急がずあきらめずに、子どもとの「つながり感」を構築し、「未来」に向かっていければと考えています。

第3章

運動発達の問題

運動発達は目で見てわかることもあり、小児の発達においては身長や体重などの身体測定値とともに重視されています。運動発達はそれのみが単独に発達していくのではなく、知的な発達や社会性の発達にも支えられており、これらは相互に関連を持っています。

たとえば粗大運動（体幹や手足を使った移動運動など）の発達指標の一つである歩き始めの時期についてもＡＳＤや知的障害を抱えている場合には、しばしば遅れることが知られています。

運動発達は最初は重力と筋力との戦いから始まり、まず粗大運動が発達していきます。徐々に微細運動（指を使った細かな運動）も発達し、そして協調運動（手足を同時に動かす、たとえば縄跳びなど）の発達へとつながります。

粗大運動は抗重力から始まる

新生児は仰向けの姿勢にしたときに手足を水平に動かすことはできますが、重力に逆らって垂直に上に伸ばすことはできません。しかし、満期産であれば生後４カ月頃までには手を曲げたり伸ばしたりして上に挙上することや、足を屈曲させて膝を曲げて上に上げるなどの動作も可能になってきます。

この頃になれば写真①のようにうつぶせの姿勢で頭部を持ち上げようとしますし、写真②のようにも首もすわってきます。これらの運動や姿勢が可能になるのも、重力に抵抗できる機能の獲得によるものです。

５カ月頃になれば寝返りができるようになることも多く、６カ月頃からは両手を下についてお座りの姿勢もとるようになります。個人差が大きいですがこの頃からハイハイをするようになり、８カ月

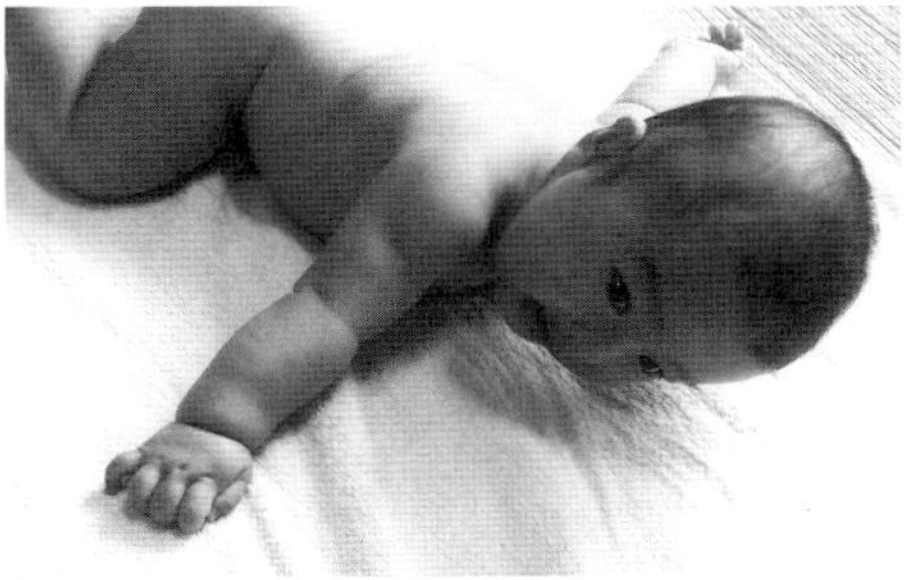

写真①　うつぶせの姿勢で頭を持ち上げようとする生後4カ月頃の赤ちゃん

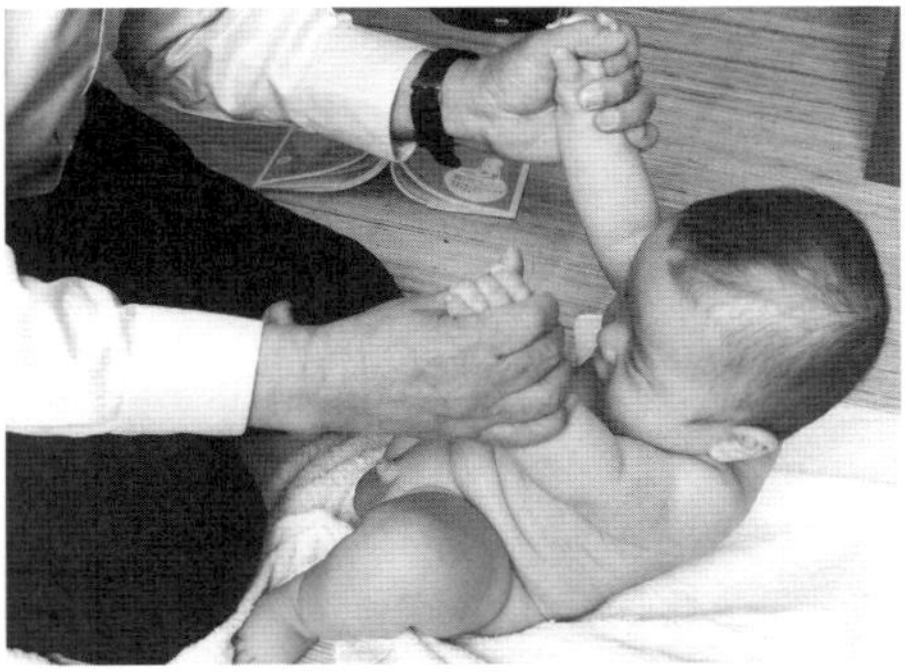

写真②　仰向けの姿勢で起き上がろうとする生後4カ月頃の赤ちゃん

を過ぎるとつかまり立ちができるようになってきます。その後、伝い歩きや一人立ちができるようになり、だいたい生後10カ月～1歳4カ月頃に歩き始めます。

歩き始めは手を上に挙げてよちよちと歩き、歩行に慣れるとともに手は下に下がってきます。2歳頃からは少し走ったり、階段を両足をそろえたりして一歩ずつのぼることもできるようになることが多く、3歳台でジャンプ、5歳頃には片足立ちやケンケンもできるようになってきます。ジャンプはトランポリンなどを使って練習することもあります（写真③）。

このように抗重力機能を獲得しつつ、粗大運動が発達していきます。

くわしくは運動発達を中心に書かれた本などを参照していただきたいと思いますが、いくつかの注意点についてご説明します。なお、予定日よりも早く生まれた子どもの場合には運動発達は修正月齢で判断します。これについては142ページをご覧ください。

写真③　トランポリンを使ってジャンプの練習をする子ども

＊子ども用のトランポリンは、とくに５歳以下では、使用するとき目を離さないでください。また耐荷重の大きなものを選んでください。

首がすわる

3～4カ月頃に首がすわってきます。仰向けの状態から両手首を持って上半身を引き起こすと、首が遅れてついてきますが、元に戻していくと45度くらいの角度になるまで首を支えることが可能になります。写真①のようにうつぶせにして遊んでいると徐々に頭を上げるようになってきますので、首のすわりも早くなります。

なお、乳幼児突然死症候群の予防の面からうつぶせ寝には注意喚起がされていますが、起きているときにうつぶせにして遊ぶことには何の問題もありません。首のすわりは運動発達の基礎とも言えるほど重要なポイントになりますので、後でご説明する乳幼児健診でも重視されています。

満5カ月になっても首が安定しない場合にはかかりつけ医などにも相談してみてください。なお体重の増加がよくない、母乳やミルクの飲みがよくないといったことがある場合には、早めの相談や受診をお勧めします。

歩き始め

個人差がありますが、だいたい生後10カ月から1歳4カ月頃までに歩き始めれば、6歳になったときの歩行能力には差がありません。歩き始める前にはつかまり立ちや伝い歩きの段階がありますす。つかまり立ちのときにはかかとが上がっていることが多いのですが、伝い歩きになってくると足の裏全体が地面につきます。伝い歩きになってもつま先立ちになっている場合にはなかなか一人立ちにも歩き始めにもつながりません。目があったりこちらのする動作に反応したり、つながり感があるほうが歩行の開始は早い傾向があります。

なお、良性乳児筋緊張低下症（いざりっ子症候群）では、四肢の筋肉がやわらかく、座ったままの姿勢でいざるように移動します。歩き始めの遅れはあるものの、いずれは歩行を獲得します。この場合にはつながり感の有無は関係ありません。

つま先立ちの伝い歩きでなかなか歩き始めるようにならない、1歳になってもつかまり立ちができないときにはかかりつけ医などに相談してみてください。

微細運動

微細運動は手や指の運動発達につながります。物をつかむ、つまむなどからつまんで回す、道具を使うなどのステップを経ていきます。生まれたときには手をぎゅっと握っていて、5本の指をバラバラに動かすことはできません。

4〜6カ月を過ぎてくると、親指をほかの4本の指に向き合うように握ることができるようになります。すなわちガラガラなどをしっかりと握るようになります。

その後、人差し指と親指が分離して別々に使えるようになってきますのでつまむという動作ができるようになり、1歳を過ぎるとストローを使ったり、小さな積み木を積んだりすることもできるようになってきますし、人差し指を使って指差しもできるようになってきます。さらに、2歳頃には両手を上手に使ってブロックをはめたりすることもできるようになってきます。

その後、中指が分離してきますが、薬指と小指の分離は成人でもできていないこともあります（ピアノなどを練習すると分離は早くなります）。3歳になればまだ直線のみですが、ハサミを使って紙を切ることも可能になります（写真④）。LSTはこうした微細運動の発達にも役立ちます。

微細運動が遅れている場合には、粗大運動や言語発達も遅れていることがしばしばあります。微細運動を促進するためのトレーニングにはいくつかの方法がありますが、幼児期に親指と人差し指と中指を上手に使うためにはトイレットペーパーの芯や柄の太いスプーンを使ったりもします。

つまむ練習には洗濯バサミを使って親指と人差し指、親指と中指で開く練習や洗濯バサミにはさんだ物を落とす練習もあります。ボタンのつけはずしについては第5章でご説明します。

写真④　ハサミを使って曲線を切る4歳の子ども

微細運動を促進するためのトレーニング

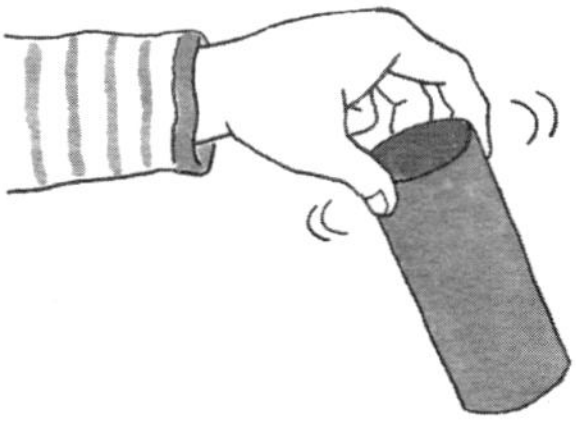

①トイレットペーパーの芯を親指・人差し指・中指の3本で持って回します

②柄の太いスプーンを使って食事をします

③洗濯バサミを親指と人差し指、もしくは親指と中指で開きます

5歳くらいになってくればあやとりも指使いの練習に使えます。目標は三段ばしごです。微細運動のトレーニングについては神奈川県立保健福祉大学の笹《ささ》田《だ》哲《さとし》教授が多くの書籍を出しておられますので、参考にしてください。

❗ 協調運動

協調運動は手や足、目などを同時に使って運動することです。代表的な例は、縄跳び、自転車に乗る、全身を使って泳ぐなどになります。協調運動には体幹の筋力や持続力も必要になってきます。

ＡＳＤを含む発達障害を抱えている場合は、協調運動もしばしば遅れてきます。また、体幹の筋肉が十分な持続力を持っていないために「座ることはできるけれども座り続けられない」「走ることはできるけれども、走り方がぎこちなかったり、カーブに沿って曲がったりすることができない」などがしばしば見られ、縄跳びや鉄棒の逆上がり、自転車に乗ることも苦手であったりできなかったりすることがあります。

こうした状況は発達性協調運動障害（developmental coordination disorder）と呼ばれています。アメリカ精神医学会の診断基準（ＤＳＭ−５）では、「協調運動技能の獲得や遂行がその人の生活年齢や技能の学習および使用の機会に応じて期待されるものよりも明らかに劣っている」とされており、脳性麻痺《まひ》や筋ジストロフィーのような明確な原因がないものを指しています。

多くは成人になるにつれて目立たなくはなってくるとされていますが、生活上の大変さをどのように克服するかについては、こうすればよいという方法は確立されていません。わが国では作業療法士が中心となって感覚統合療法などを行なっていますが、実施の頻度の問題もあり、必ずしも目覚ましい効果につながっているとは限りません。

発達性協調運動障害へのトレーニング：その1

そこで、体幹筋の持続力を高めるためのトレーニングができないものかと、以前から模索していました。それができれば、協調運動の獲得に役立つのではないかと考えたからです。ヨガや太極拳をはじめとして体幹筋の強化に役立ちそうなものをいくつも見学してきました。

しかし、ヨガや太極拳は静止した状態でのストレッチはありますが、そこに至るまでにゆっくりした途切れのない運動が要求されます。発達性協調運動障害を抱えている場合にはこの途切れのないゆっくりとした動作はできませんので、ヨガや太極拳は候補から外れました。

リハビリテーションは週に1回1時間よりも毎日5分のほうがより効果が出ます。施設に週1回程度通うのではなく、毎日家でできるトレーニングはないか、その方法を模索しているときに、神奈川県立保健福祉大学の笹田哲教授のご指導とご助言をいただくことができました。

ここで紹介する4つの動作（写真⑤〜⑦）は、おおむね4歳ならば可能で、難易度でA〜Cにランク分けされています。最初はCでもAを目指して各動作を10秒間続けてください。

これらの動作は、最初は楽体《らくだ》リングトレーニング（67ページ参照）の評価として考えたのですが、楽体リングトレーニング自体ができない子どもたちも少なくないことから、体幹筋の持続力を高めるトレーニングとして行なうようにしました。

写真⑥　かかし
（右と左があります）

Ａ　両手とも壁から離して手を広げて立つ。手は下がってもよいが水平保持が理想。足はぐらぐらと動かさない。

Ｂ　上げる足と同じ側の手の指を壁につけて体を支える。反対の手は肩の高さ。

Ｃ　上げる足と同じ側の手のひら全体を壁につけるか、バーなどをつかんで体を支える。

　写真はＡです。これで安定せず左手の指を壁につければＢですし、手のひら全体をつければＣになります。反対の足も行ないます。

写真⑤　おっとせい

Ａ　うつぶせの姿勢から両手両足を床について体を支え、頭を上げる。すなわち頭を上げ、膝を地面につけないで両方の手のひらと、足先で体を支える。

Ｂ　手のひらをついて上半身を支える。頭は前方を向く。

Ｃ　肘をついて上半身を支える。頭は前方を向く。

　写真はＢのポーズです。このまま体幹全体が上がればＡですし、手のひらをつくのが無理で肘をついて上半身を支えていればＣです。

発達性協調運動障害へのトレーニング：その2

4つの動作トレーニングを一日に2～3回、1ポーズ10秒を目標として記録をつけながらやってみます。2～4週間で少しずつ効果が出てくることが多いようです。あくまで楽しくやることが基本ですから、親子や兄弟で一緒にやってみるのでもかまいません。ただし記録を忘れずにつけてください。これもくり返して練習するLSTです。

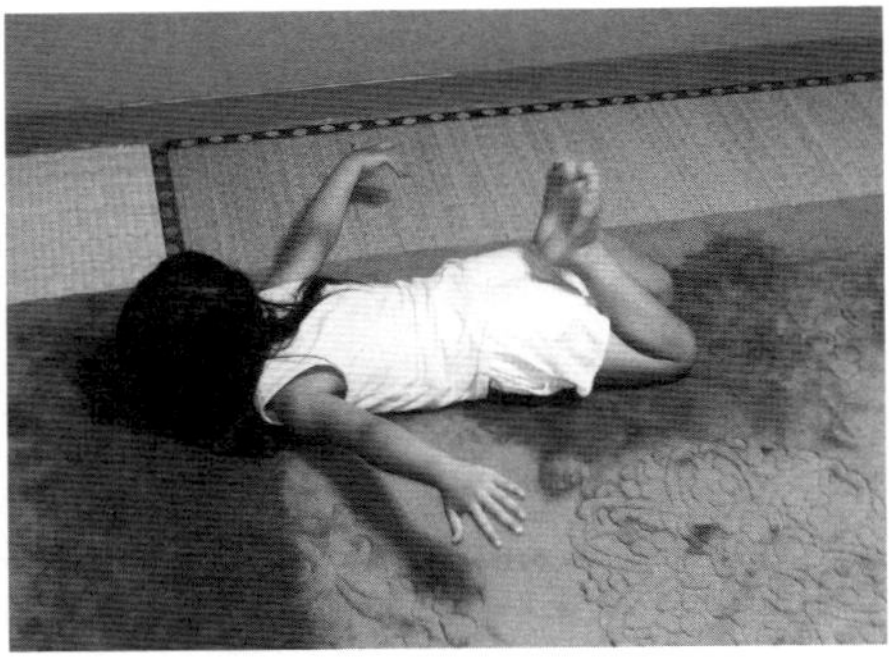

写真⑦　ひこうき

A　うつぶせで両手両足を上げ、頭も上げる。足は伸びているのが望ましいが膝は曲がっていても可。

B　うつぶせで両手両足は上がるが、頭は上がらない。

C　うつぶせで手しか上がらない（足だけのこともあります）。

写真は膝が曲がった状態のAです。

体幹のトレーニングには道具を使う方法もあります。あきやま子どもクリニックの秋山千枝子院長のご紹介でハルスポーツプロダクションのハル常住さんと和智《わち》正哉さんに楽体リング（写真⑧）を使った体幹トレーニングについて教えていただきました。市販されているリングは成人用ですので、和智さんが子ども用のリングを試作してくださいました。

それを使っていくつかのポーズのトレーニングをして、先ほどの4ポーズでの評価をしています。リングを使ってトレーニングができるレベルであれば効果があるという印象を得ています。今後も人数を増やしてデータを集めていきたいと考えています。

写真⑧はまっすぐに立ち、リングを両手を前方に突き出して引っ張っている状態です。この姿勢では体幹に力が入り、ただ立っているよりも後ろから押されても体幹がぐらつきません。この姿勢をはじめとして、体幹の強化に結びつける方法がいくつかありそうです。

しかし、体幹筋が弱いとリングをちゃんと引っ張ることもむずかしいで

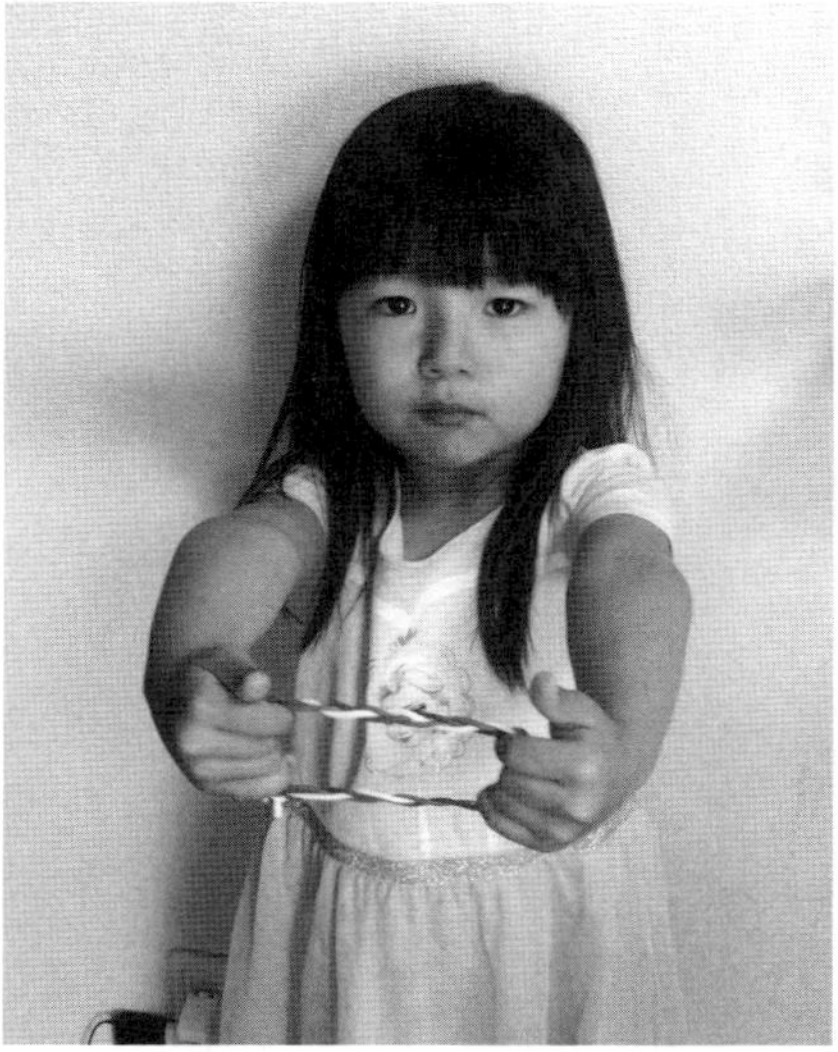

写真⑧　楽体リングのトレーニング方法

すから、その場合には「かかし」や「おっとせい」「ひこうき」のトレーニングからです。

運動については多くの本も出ていますし、いろいろな教室も開かれています。

たとえば、ＡＳＤにおける症状の改善と運動についてはAnderson-Hanleyらが２０１１年にDance Dance Revolution（ＤＤＲ）を用いた論文を出していますが、これは反復性行動（常同行動）に対しての効果を見ています（http://www.ncbi.nlm.nih.gov/pmc/articles/PMC3218790/）。発達性協調運動障害への介入という意味での静的ストレッチは今後期待できるのではないかと考えています。

なお、静的ストレッチは何歳から可能なのでしょうか。たとえば、乳児を対象としたストレッチでは死亡例も出ています。一般的な呼吸や循環機能の安定や骨格や筋肉の発達、粗大運動の発達などを考えると3歳以降が適応ではないかと考えています。

また、楽体リングを使ってのトレーニングは現在データをとっていますが、5歳以上が目安ではないかと考えています。

第4章 言語・コミュニケーションの問題

言葉やコミュニケーションの発達は子どもたちが社会性を獲得するうえでとても大切なものですし、そこがうまくいかない場合にはさまざまなLSTも必要になります。ときにはより専門的な療育を専門職によって受けたほうがよい場合も出てくるかもしれません。しかし、まずは家庭でもできることから始めてみたいと思います。

コミュニケーションは言語的なコミュニケーションと非言語的なコミュニケーションに分けられます。言語的コミュニケーションは聞く・話すという「音声言語」と、読む・書くという「文字言語」に分けられます。

一般的には子どもたちは言葉を聞いて理解することから始まって単語を話す、文章を話すというステップを踏みます。これらのステップは乳児期から幼児期にかけてが中心となり、その後は文字言語を習得することによって語彙《ごい》が飛躍的に増加していきます。

非言語的なコミュニケーションはこれまでの「つながる」がまずそれに該当します。また、身振り手振りや表情、場の雰囲気を理解することなども含まれます。

コミュニケーションの遅れはどうしても「単語を話すことができない」という言語面が重視されがちですが、実際には「非言語面」での発達の基礎が欠かせませんし、話すより前に「聞いて理解する」ことも必要です。

遅れを指摘されたとき、感じたときには焦るのではなく、今何ができるかを考えることです。そこからできることを増やすのが目標になります。

♫ 言葉だけが遅れるのではない

話す言葉の遅れは、聞いて理解の遅れや運動の遅れ、社会性の獲得などにも遅れをともなう場合が多いと思います。しかし、なかには理解はできているけれども言葉は話さないという場合があります。以前は表出性言語遅滞と言われた一群です。

この場合には、たとえば「リモコンをとって」「ごみを捨てて」「出かけるからお靴はいて」などの文章による指示は理解し実行することができますが、なかなか子どもの口から単語が出てきません。

2歳頃まではこの状態であっても言葉が出てくるのを待っていてもかまいませんが、3歳になってもこの状況のときには、多くの場合に何らかのトレーニングが必要になってきます。その一部は知的な遅れをともなわないＡＳＤに該当する場合もあります。

いずれにしても言葉の遅れは「いつかは出るだろう」と楽観的に構えていてもなかなか出てこないで徐々に焦るようになる状況に陥りやすいため、まずは「耳がちゃんと聞こえているのか」から始まって、目が合うか、簡単な指示が理解できるか、を２歳までにチェックします。

なお、ＡＳＤには、１歳過ぎに出ていた言葉が１歳６カ月頃から２歳にかけて消失するいわゆる「折れ線型ＡＳＤ（regression autism）」というタイプも20％前後の割合で存在することが知られています。

この場合には話していた単語が消えた時点で、おそらくは「つながらない」感じも出てきていると思います。消えた言葉を戻すよりも、まずは「つながる」を取り戻すこと、そしてこれからご説明することに取り組んでみてください。

♫ 聴力の問題

わが国では出産した医療機関で「新生児聴覚スクリーニング」が行なわれていますが、実際に行なわれている率は60％程度と考えられています。すなわち40％程度の子どもたちは新生児期に聴力の確認をされていません。

先天性の両耳の聴力障害は、１０００人に１人以上と言われています。そのまま放置をしていると言語発達の遅れは必ず起きてきますので、生後6カ月頃までには補聴器の使用などの対応が勧められています。また、高度難聴であっても人工内耳の装着手術が乳児期にも行なわれるようになってきました。新生児聴覚スクリーニングで異常がなかった場合でも、その後の中耳炎などの感染症や事故などによって気づかないうちに聴力が損なわれていることもあります。

言葉の遅れが見られる場合には、基本的には聴力の確認が必要になります。携帯電話に興味を示している子どもであれば、一台を耳に当てさせ、別の場所からもう一台でささやき声で話しかけて反応を見ることもできます。

これで指示が通れば聞こえていることがわかりますが、1歳6カ月頃まではこのやり方で見つかるとは限りません。「たぶん聞こえている」ではなく、疑わしければ確認です。ABR（聴性脳幹反応）やOAE（耳音響反射）などで調べることができます。子どもを診ている病院の耳鼻科であればおそらく実施しています。

♫ 言語的コミュニケーションと非言語的コミュニケーション

乳児期から幼児早期には、非言語的なコミュニケーションが大切であることはこれまでにもご説明してきました。言語を獲得させようとするならば非言語的コミュニケーションも使いながら、シャワーのように言葉かけをすることが大切です。本の読み聞かせも、子守唄も、子どもにとっては言葉のシャワーです。

しかし、テレビやビデオの音声は子どもの反応とはかかわりなく一方的に耳に入ってきます。画面に子どもが反応し、その反応がはっきりするようになった時期から時間や内容を選んで視聴することはかまわないと思いますが、その場合でも時間は30分以内にしてください、とお話ししています。

大人はテレビをつけながら興味のあるところだけ画面を見る「流し見」ができますが、子どもはそれができないので、ずっと見ていることになります。

いずれにしても言語的コミュニケーションと非言語的コミュニケーションは表裏一体です。どちらかだけではなく、いつも「両方」必要だと考えてください。

♫ 視線を合わせる瞬間から秒へ

第1章でもご説明しましたが、子どもとそれまで合ったように感じていなかった視線が一瞬でも合ったときには「つながり感」が出てきます。そのつながり感をいかに楽しく「瞬間」から「秒」に延ばすかが課題です。目だけを合わすのではなく言葉かけや子守唄、好きなおもちゃなどを使って子どもの興味をひいてみるなど、方法はいろいろあります。

つながり感を数秒保てるようになったら、次は「見つめる」ことを目指します。当たり前ですが命令して目が合うわけではないので、いかに楽しく、最初は偶然でもそれをくり返して「必然」にしていくことが非言語面の発達には欠かせません。これもくり返し行なうLSTです。

♫ 模倣の重要性

動作にしても音声にしても最初は模倣から始まります。「ちょうだい」の動作や「バイバイ」の動作にすぐ反応してまねしてくれればよいのですが、そううまくいくとは限りません。

動作の模倣は保護者が手を添えて手伝うこともできます。手挙げ、バンザイ、手をパチパチたたく、いろいろあります。バイバイが逆に（手のひらが子どものほうに）なっていても気にしないでください。言語理解が進んでから直すことはそれほどむずかしくありません。

問題は音声の模倣です。音声の模倣は、子どもが「うまくできたらほめる」ことはできても、「うまくできるように手伝う」ことがむずかしいのです。単音で「あ」を言わせようとして保護者が何度もくり返して「あ」と言っている場面を見かけることがありますが、たとえ4回目ででたとしてもそこまでの3回は失敗です。失敗をカバーできるだけの「ほめ方」が必要になってきます。ですから音声の模倣については保護者にはあまり無理しないで、とお話ししています。

模倣ができるようになったら、その先は「見立て」と「ごっこ遊び」へと進展していきます。見立てでは、たとえばティッシュボックスを電車に見立てて電車のおもちゃを走らせるような動作をすることですし、場合によってはそこで「がたんごとん」「ごー」などの音声が出てくることもあります。

ごっこ遊びの代表はおままごとです。非言語的な役割分担に加えて言語的なコミュニケーションを用いて場面が展開する遊びで、ここまでできるようになれば意味のある言葉が出る段階も近くなってきます。

なお、模倣に近い言語機能として「おうむ返し（エコラリア）」があります。音声模倣ができるようになるとよくあることです。たとえば「だるま」に対して「だるま」と返すのはよいのですが、「お名前は？」に対して名前ではなく「お名前は？」と返す、「ただいま」に対して「おかえりなさい」ではなく「ただいま」と返すことです。

こうした場合には小声で正解を言って手助けをし（療育用語では「プロンプト」と言います）、なるべく正解が返ってくるようにしていきます。

家庭では一人の大人が質問し、もう一人が小声でサポートする、複数で行なう方法がやりやすいと思います。この練習は「ただいま」の場面になってから練習するのではなく、仕込み（事前練習）で玄関を使うなどしてくり返し練習してください。

家庭では「できるまでやり続ける根性」が必要なのではなく、できたらラッキーと思うことです。最初は小声でなく普段より小さな声くらいでもかまいませんし、できたら音量を下げ、最後はサポートがなくてもできれば成功です。

ただし、一度できたから安泰ではありません。ときどき練習をして忘れないようにしましょう。

なお、療育のための「基礎工事」（32ページ参照）ができていないのに単語を言わせようとすると、意味の理解がないまま、ただ「ご褒美」につられておうむ返しになることがあります。この場合には小声でのプロンプトの効果は出にくく、ほかの場所でも使えるようになる（療育用語では「般化《はんか》」と言います）こともむずかしくなります。また、しばしば関係のないところで覚えた言葉を言う「遅延エコラリア」も見られやすくなります。

♫ 単語が出たらほめながら3回

意味のある単語が口から出始めたら、初めて言えた単語は、ほめながら3回くり返させましょう。しかし「でんしゃ」が「でしゃ」だったからといって、何度も「でんしゃ」と言い直しをさせようとすると、子どもは逃げてしまいます。「でしゃ」でも「で」でも、それが電車のことであれば言い直しをさせずにくり返させてみましょう。

「でしゃ」をくり返しているうちに「でんしゃ」に変わってくることもありますし、文字と対応させることによってちゃんと発音できるようになることもあります。「うまく言えない」からといって焦らないことです。

また、うまく言えるようになるまでは逆に保護者が「で」と言って子どもに「でんしゃ」と言わせる練習もあり、この場合の「で」はプロンプトになります。また、何回かやってみて子どもが言えるようになるとすぐに自発で言わせようとする保護者が多いのですが、早く言えるようにしようとプロンプトという補助を急いで減らすと、なかなか言葉が定着しないことも多いのですよ、とお話しししています。

♫ 音声言語と文字言語

音声言語とは「聞く・話す」ことです。5〜6歳までの言語のほとんどは音声言語です。文字言語の「読む・書く」は文字が読めるようになってから始まり、それによって語彙の獲得は飛躍的に早くなります。音読より黙読の速度のほうが数倍早いので、黙読のほうが語彙の獲得は早いのですが、小学校低学年までは音読はとても大切です。文字をきちんと認識できていること、文法に沿って正しくはっきりと読めることも音読でなければ確認できません。

ディスレクシア（発達性読み書き障害、180ページ参照）を抱えた子どもたちは音読の授業に際してあらかじめ読んで覚えて、さもそこで実際に読んでいるかのように見せることがあります。疑わしいときには初めて見る文章を読ませればわかります。

発達障害を抱えている子どもたちは、文字や数字、デザインなどいわゆる図案化されたものに強い興味を見せることがあります。その際は音声言語としての「話す」がなくても「聞く」が可能であれば文字を使って言葉の練習をすることもあります。

たとえば、図②は「いぬの絵」の周りに「ぬ」「い」「た」があります。これを図③のように「い」「ぬ」と並べることができれば、「いぬ」が発音できなくても、「いぬ」は理解できていることがわかります。

別に「あ」から順番に覚える必要はありません。私はなるべく物の名前で始めてもらうようにしています。使う文字は30ポイントのゴシック体でプリントしてくださいとお願いしています。ゴシック体のほうが明朝体や教科書体と違って、線の太い細いや、はね払いがないのでわかりやすいと思います。また、英語で「a」はエイともアとも発音しますが、ひらがなの「あ」は「あ」とだけ発音します。文字を使った言葉の練習は日本語のほうがしやすいでしょう。いろいろと工夫しながらやってみてください。

図②　いぬA

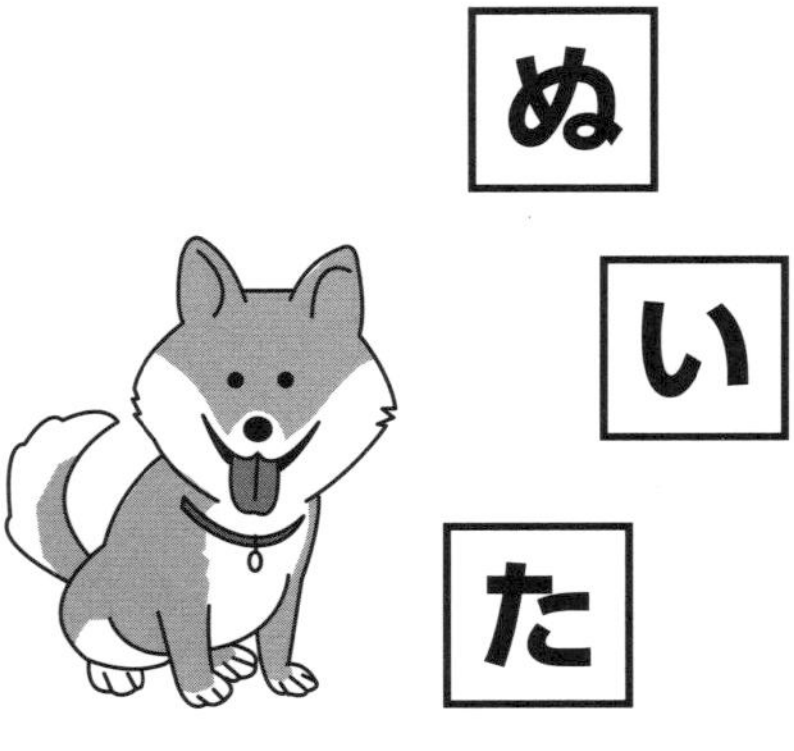

図③　いぬB

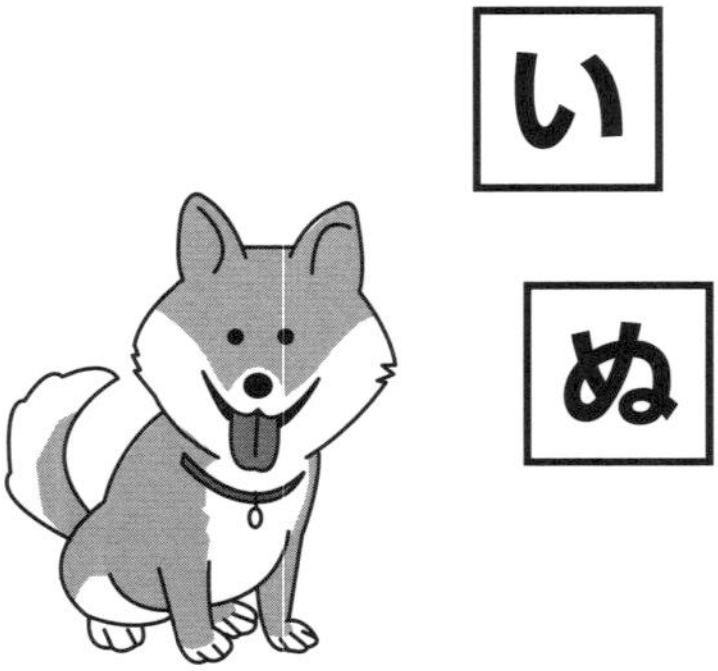

市販の絵入りのカードは使いません。「い」のところに犬の絵が書いてあると「犬のい」で覚えてしまい、「いす」という単語がうまく発音できなかったり、「いぬす」になってしまったりすることもあります。

また市販の50音表を使うこともお勧めしていません。「か」の下が「き」と覚えると、「き」と「け」を入れ替えると、「け」を「き」と読むことがありますし、ひらがなをばらばらにしてみると場所がわからず読めなくなることもあります。

iPad、iPhoneで使える「FirstWords：Japanese」というアプリケーションは、2〜3文字で色や動物などの名前を1文字ずつボックスに指で移動させる練習をすることができるのでお勧めしています（環境設定で「left to right（左から右に入れる）」にしておかないと「い」「ぬ」ではなく「ぬ」「い」の順番でも正解になってしまうので、単語の音に沿った文字の練習にはなりません）。

また、発音が明瞭ではなくて「いぬ」が「ひーうー」のように聞こえる場合もあります。この場合に発音の明瞭度だけを上げようとしてくり返し発音させても、多くの場合には子どもは嫌になるだけです。

しかし「いぬ」の文字を見せながら発音すると「ひーうー」が「いぬ」に近くなってくることがあります。文字を見ながら発音させることによって明瞭度も上がることはよくありますし、そこから将来の音読にもつながるかもしれません。

不明瞭な発音でも文字と音声が一致するようになり（療育用語では「マッチング」と言います）、保護者にその意味がとれる場合は、その単語を文字に書いて発音させることを勧めています。たとえば「おあゆー」が「おはよう」のことだったら、すぐに「おはよう」と書いて、子どもに読ませてみるというような方法です。続けていると保護者以外の人にもわかるような明瞭な発音になることもあります。

♫ 受容言語と表出言語

受容言語は理解できる言葉です。表出言語は話すことができる言葉です。表出ばかりが強調されますが、受容していなければ表出しても意味はありません。「りんご」が言えてもみかんを指して「りんご」と言っているような場合です。

子どもたちの頭のなかには言葉の池があって、そこに受容する言語が増えてくるに従って水が溜《た》まってくるようなものです。その水がたくさん溜まってそこからあふれてくるのが言葉だと考えてください。

受容できているかどうかを調べることは、先ほどのひらがなマッチングではなくても、物や人の名前を言ったら指差す（療育用語では「タクト」と言います）ことや、写真と実物を重ね合わせたりする（療育用語では「2D-3Dマッチング」と言います）ことでもわかります。

わかったことが確認できたらほめてください。そこでほめるのをスルーすれば子どもは「指示に従ってもほめられない」ことを学習します。

いずれにせよ受容言語を先に増やしていきましょう。表出言語を焦る保護者の方たちには、今はひたすら水を溜めましょうね、というお話をすることもあります。

子どもたちの頭のなかには言葉の池があります

受容する言葉が増えてくるに従って、水が溜まってきます

水がたくさん溜まった池からあふれ出てくるのが言葉です

♫ 動作や指示の理解を確認する

理解を確認するときには、第2章で紹介した「手挙げ」も有効です。これによって理解が確認できればハイタッチでほめることにつながります。

何となくわかっているかなと思う場面でも、手挙げなどで「ちゃんとわかっている」確認をすることが大切です。「リモコン持ってきてくれる人、手を挙げて」で「ハーイ」と手が挙がれば、持ってきてもらってハイタッチです。

これができるようになってくると、動作などを使わずに言語的な指示だけで行動させることができるようになってきます（療育の用語では「イントラバーバル」と言います）。

しかし、ここで大切なことは、言語で指示を出しても1、2とこころのなかで数えて、そこで期待された行動が出てこない場合には、必ず手助け（プロンプト）をして「失敗に終わらせない」ことです。「リモコン持ってきて」という指示であれば、リモコンを指差すというようなプロンプトです。できるだろうと思って、できるかなと期待して待っていると、それは失敗の始まりになりかねません。1、2と数えて、できなければ手助けをすることが家庭での療育で失敗しないコツです。

♫ 要求語を出す

名詞が表出できるようになったら、次は要求語です。代表は「とって」「あけて」「ちょうだい」です。最初は「て」だけだったり、「ちょ」だけだったり、「だい」だけだったりでもかまいません。

要求語を出すのは、子どもが何かをほしがっているときがチャンスです。そこでプチいじわるをして手の届かないところにほしがっている物を置いて、「とって」を言うように仕向けます（療育用語では「マンド」と言います）。

私は写真⑨にあるような瓶にピンポン玉を入れたものを外来診療でよく使っています。子どもに「あけて」と言わせて、ふたをあけてあげます。子どもに次に可能であれば、私が手にとったピンポン玉を子どもに「入れて」と言い、瓶に入れられたらほめるというやり方です。

最初の「あけて」が言えない場合には、私が「あけて」と言って見せて「て」だけでも言えた

写真⑨　要求語を出す練習に使える瓶とピンポン玉

らほめています。

「ちょうだい」から「ジュースちょうだい」、そこから「ママ、ジュースちょうだい」「ママ、ジュースもっとちょうだい」と単語がつながるようになってきたらよいですね。

♫ 文章を読んで助詞を使えるようにする

文は助詞が入って文になります。「ママ来た」ではなく、「ママが来た」「ママと来た」「ママも来た」などなど意味が違います。定型発達の場合にはこうした違いを2歳台で身につけることが多いのですが、発達障害を抱えている場合には、助詞を使った文法処理は意外に苦手です。

その場合は、無理に直すよりも、文章を音読しながら（音読によって目と耳で確認できます）、助詞を使う経験値を上げていきます。絵本を使うことが多いのですが、文字と絵が混在していると、読んでいるうちに絵に気をとられてしまうことがあります。パソコンで簡単な文章やお話を打ち出して読ませています。

なお、「くまさんは」が「くまさんわ」と読め、「こうえんへ」が「こうえんえ」と読んで発音できていればある程度、文法を理解したと感じています。助詞のなかでは「が」と「と」は、「ママが来た」「りんごとみかん」のように使いやすいので出てきやすいのですが、「みかんをたべた」「ママも来た」のように「を」と「も」はややむずかしい表現になるので、最初には使いこなせないことが多いように感じています。
使える助詞が増えたら、ほめることは忘れないでください。

♫ 発音のサポート

母音の「あ」「い」「う」「え」「お」も発音がうまくいかなければ練習です。「あ」は親指と人差し指を当てて大きく口を開ける、「い」を口の両端を横に軽く引っ張る、「う」は親指と人差し指で丸をつくってそのなかに唇を突き出す、「お」はその丸を外す、「え」は舌を突き出すなどの方法で練習します。

特定の行の発音が苦手であるために話が聞き取りにくかったり、話すことを嫌うようになってしまったりすることもあります。多いのは「か」行、「さ」行、「た」行、「ら」行ですが、これらも練習です。

か行の練習は舌を口底につけて発音します（が行、ぎゃぎゅぎょも同じです）。さ行の練習は紙を1枚口にくわえて練習します（な行も同じです）。た行は舌を上顎につけて発音します（苦しいですが慣れてくると感じがつかめます。だ行も同じです）。ら行は舌を巻くようにして発音するのですが、舌の動き自体が悪い場合にはうまくいきません。舌を突き出して、その舌の先に保護者が指でさわりながら発音させます。

舌の動きを調整しながらこれだけ発音することは一苦労ですが、毎日練習していると徐々に上手になります。こうした練習もLSTです。子どもの言語訓練への対応が得意な言語聴覚士（国家資格でSTと呼ばれています）はまだまだ少ないのですが、そうした方が見つかるようでしたら、相談してみることもお勧めしています。

♫ 絵本の活用

絵本は、よく中身を見ずにただページだけをひたすらめ

「あ」「い」「う」「え」「お」は指を使うなどして発音の練習をします

苦手な行は舌の動きを調整するなどして、毎日発音練習をします

くるという行動が見られますが、療育的な対応を始め、「つながり感」が出てきて受容言語が増えてくると目立たなくなったりします。

文字はひらがなから始め、いずれはカタカナや漢字に進んでいきます。できたらどんどん進めてくださいとお話ししています。鉄道が好きなら鉄道、自動車が好きなら自動車に関する絵本でかまいません。車名にはカタカナがよく使われていますし、駅名などには漢字が使われています。気づいたらアルファベットも数字も読めていたなどということもあります。絵本は同じ絵本をくり返して読むだけではなく、図書館なども利用して種類を増やしてください。それによって特定の絵本へのこだわりも消えてくることがあります。

♫ 強制しない

しゃべることが苦手だから練習する。これはＬＳＴとして当然ですが、無理をしていると、子どもはしゃべること自体が苦痛になってしまうかもしれません。これで幼児期に始まることの多い選択性緘黙《かんもく》（場面緘黙）になることもあります。しゃべることに苦手意識を持ち、緊張する場面や知らない人がいる場面では話すことができなくなる状態を言います。幼児期には多くの場合には目立たないのですが、就学後は社会生活の範囲が広がるので目立つようになります。しゃべることを強制しないことが大切です。

♫ 待っていても集団に入れてもしゃべれない

「待っていればしゃべる」「集団に入れたらしゃべる」と言われる方がいます。ここまで読まれた方は「待っていてもしゃべらない」ことはおわかりかと思いますが、それでは集団に入れたらしゃべるようになるのでしょうか。

しゃべらないから集団に入れても、受容言語が発達していなければ表出にはつながりません。保育所に入れれば、新しい言葉を覚えることはよくありますが、しゃべらなかった子が急にしゃべるようになることはまずないと思います。受容言語が乏しい場合、集団に入れてもすみっこで独りぼっちでくり返し行動をしていたり、固まっていたりするだけのことが多いと思います。

ちなみに、0歳から保育所に入っている場合には、言葉の発達が遅れる、ASDになるかもしれないなど、最初は思ってもみなかった事態になることがあります。そのときには家庭も保育所も「つながる」努力から始めましょう。

また幼稚園は、3歳になったから、4歳になったから入園するといった年齢で判断するよりも、子ども同士で20分遊べるようになったら考えましょうね、とお話ししています。

保育所や幼稚園に入れれば何とかなるものではありません。保護者やプロのセラピスト（療育者）、加配の職員（補助職員）などが付き添う場合には、かかわるチャンスを探しながら、かかわる瞬間を増やすことを試みます。「ほかの子どもにかかわれそうな」ときに背中を押したり、手を引いてあげる、「集団のなかにいられそう」「列に並んでいられそう」なときに手助けする、先生の指示に沿って動けないときに手助けするなど、「参加機会」を増加させ、「失敗」を減らすことが必要です。

最近では診断書を出せば加配をつけてくれる保育所や幼稚園も増えてきましたが、その場所で具体的に何をしてもらうのかを明確にしておくことが必要です。これは小学校の場合でも同じです。

♫ やりとりの練習

交互に話すことの初歩にしりとりがあります。知っている単語をつなげていくわけですが、「ん」が出たら負けというルールに縛られるとうまくいきません。

もし子どもが「ライオン」と言ったら「あなたの負け」ではなく、そんなときは「ん」の前の「お」から始め、「おしり」と言わせればよいのです。大切なのは勝ち負けではなく、やりとりの練習です。

さらに「たぬき」と言って「き」の言葉が見つからなければ「きつね」と教えて言わせます。しばらくたったときにもう一度「き」のつく言葉にして「きつね」が言えれば成功です。

あくまでトレーニングなので、1回言ったら使えないというルールにも縛られません。

♫ 会話をする練習

2語文、あるいは3語文を話すことができるからといって、会話的なやりとりができるとは限りません。会話的応答はまず質問に答えることから始まります。自分の意思で話したいことを話すことと、聞かれたことに適切に答えることは異なります。それができるようになるためにはLSTが必要です。

まずは質問されたことに答える練習です。質問は3通りあります。

1. Open end question（何でも答えることができる）
2. Closed end question（選択肢から選んで答える）
3. Yes no question（「はい」か「いいえ」で答える）

この三つの使い分けになります。

「お名前は？」これが、〈1. Open end question〉です。すなわちいろいろな答え方がありますし、多くの日常会話の質問はこれになります。

それができるようになったら、5W＋1H（Who、Where、What、When、Wh

y、How）へと時間をかけて進んでいきます。「どこに行ったの？」「だれと遊んだの？」「今まで何をしていたの？」などなどです。
「お名前は？」と聞かれて、すぐに答えられなくてもくり返し「お名前は？」と聞くことは勧めていません。
「お名前は？」で答えがなければ、「あかねちゃん？　さくらちゃん？」と選択肢を示します。これが、〈2．Closed end question〉です。ここで答えられることが多いのですが、それも答えが返ってこなければ「あかねちゃんだったよね？」と、〈3．Yes no question〉にします。最初のOpen end questionで答えられなければ、私は2秒待ってClosed end question、それでも出てこなければ2秒待ってYes no questionです。

Yes no questionなどで答えがわかったら、最初のOpen end questionに戻って「お名前は？」と質問して、「あかね」と答えられたらハイタッチをします。

次は「お年はいくつ？」です。誕生日を過ぎたばかりのときにはしばしば失敗しますが、これもやり方は同じです。「お年はいくつ？」で答えられなかったら2秒待って「4つ？　5つ？」と聞

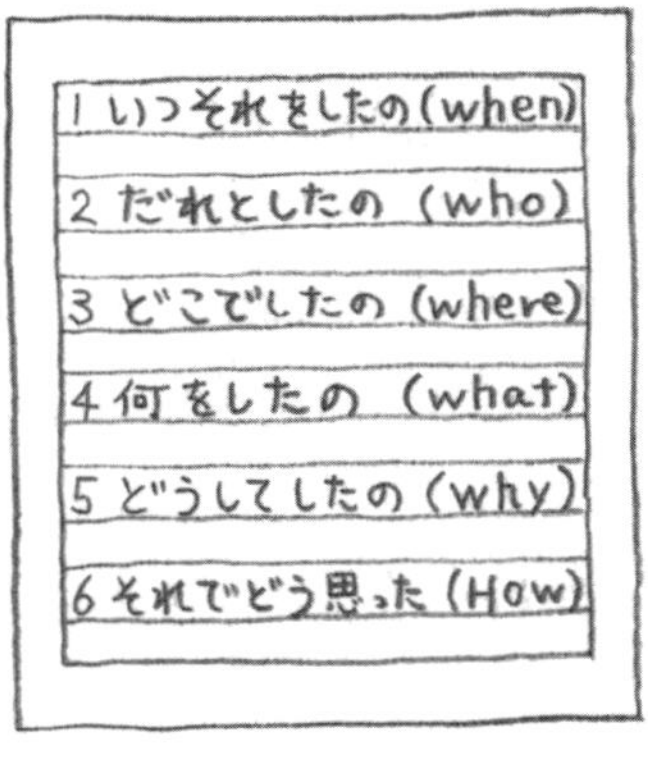

5W+1Hの質問に答えられるよう、じっくり時間をかけてくり返し練習しましょう

いてみます。さらに「4つ」と答えられなければ、2秒待って「4つのあかねちゃん手を挙げて」と言って、手が挙がればハイタッチします。そして最初のOpen end questionに戻って、「お年いくつ？」と質問して、「4つ」と答えられたらまたハイタッチです。

一度にうまくいくとは限りません。くり返しの練習で質問に答えることが少しずつできるようになります。

質問に答えるとほめてもらえることに子どもが慣れてきたら、就学までに質問を10往復くり返せるようになることを目標にしましょう。ここもなるべく失敗しないように支えながらです。

10の質問に連続的に答えられるようになっても、自分が質問する能力はまだまだ不足しています。「お名前は？」に答えられるようになったら、「ママにお名前は、って聞いてみて」と言って、子どもに質問をさせます。このようにして、ゲームのように交互に質問をくり返す練習をします。

私は外来診療でやりとりをお見せしてから家庭で実行していただいています。こうした練習によってそれまでは「聞いても答えられない子」とみなされていた子どもが、質問に答えたり、質問ができるようになります。それだけでなくほめられることによって、子ども自身のself-esteem（170ページ参照）も上昇します。会話の習得は重要なLSTです。

第5章 日常生活の問題

日常生活で子どもたちは幼児期にさまざまな生活技能を身につけていきます。ＡＳＤや発達障害を抱えていても、大人になるまでに身につける必要のある技能は意外に多いと思います。放っておくとなかなか自然には身につかないこともありますので、練習してできることを確実に増やしていきましょう。

また、偏食や感覚過敏など発達障害の症状によって日常生活の課題が新たに浮かび上がってくることもあります。本章では基本的な日常生活の問題と、ＬＳＴの対象となる課題を中心としてご説明します。

今できなくて困ること・今できなくても困らないこと

年齢によっても知的レベルによっても違いますが、小学校入学を前にしたときに、通常学級であれば以下のスキルが必要になってきます。

1. トイレ、食事、着替えの自立
2. 集団指示の理解と実行
3. 粗大運動の完成と微細運動
4. 質問に答える（名前、年齢、5W＋1H）

このうち3については発達性協調運動障害へのトレーニングも含めて第3章にまとめました。4は第4章でご説明しましたので、この章では1、2を中心としてご説明します。

保護者のみなさんは、小学校入学が人生のゴールであるかのように感じて、あれもこれもできなくてはと思いがちです。ほかの子ができてうちの子ができないとなおさら気になるものです。学校は生活習慣が一通り身についてから就学することを勧めますが、すべてできる必要はありません。

たしかにトイレや食事の自立は必要ですが、脱いだ靴をそろえられなかったり、シャツの裏表をときどき間違えたり、といったことは大人でもときどき失敗することがあるくらいです。

周りの子どもたちと、いわば横でくらべるのではなく、お子さんをこれまでの発達経過の、縦のラインでくらべてみましょう。子どもが1年前、2年前にどうであったかを考えてみると、あらためてできることが多くなっているのに気づくと思います。

今できなくても大人になるまでにはまだ15年くらいはあります。それだけの時間をかけてできることを増やしていきましょう。

日常生活のなかで課題が出てきたときには、それを紙に書き出してください。いくつあってもかまいません。わかっている問題点には対応していくことが可能ですが、わかっていない問題点には対応ができません。問題点を列挙したら優先順位をつけてください。少しずつ問題点を減らしていけばよいと思います。

失敗しやすいのはあれもこれもと欲張ることです。一度には一歩しか歩けません。たくさんのことを焦って一度にしようとは思わないことです。将来必要なことがたくさんあるとしても、それは将来必要になるまでにできるようになればよいのです。そう考えて今はまだできない「積み残し」を少しずつ減らしていきましょう。

基本は規則的な生活

まず基本は生活リズムを整えることです。食事や睡眠の時間をそろえることが就学も含めて社会生活を送るためには必要です。就寝時刻がばらばらですと、朝のコンディションも安定しません。睡眠は時間や質には個人差がありますが、大切なことは「朝、すっきりと起きられる」ことです。それができていれば睡眠の質は大丈夫です。

５歳児であれば睡眠時間は一般的には9～11時間です（昼寝も含みます）。ということは朝7時までに早起きをするならば、昼寝をしなければ基本的には21時より前に就寝する必要があります。そして布団に入ってから眠るまでの時間も短いほうがよいわけです。

就寝前まで食べている、テレビを見ている、ゲームをしている、昼間の運動が不足しているなどは、布団に入ってから眠るまでの時間を長くする要因です。眠らせたい時間に合わせて子どもが「眠くなること」が理想です。そのためには睡眠だけではなく、規則的な生活をすることが前提です。これは排泄《はいせつ》にも重要なことです。

大人はスポーツなどのテレビ番組を見て夜ふかしをしたり、寝る前に何かを食べたり、時間を忘れて話し込んだりと規則的な生活から外れることもあると思いますが、基本的にはそれに子どもを巻き込まないようにしていただければと思います。

食事について

朝食はきちんと食べましょう。きちんと食べるためには、質の高い睡眠をとることとおなかが空いていることが必要です。食事は量よりもバランスです。

また、食事は必ず家族のだれかと、できれば全員で食べてください。子ども一人で食事を食べさせていると、食事に関するいろいろな習慣やマナーが身につかなくなります。

朝食に限らず、食事中にテレビやビデオをつけておくことは厳禁です。食事中にテレビやビデオを見ていると、食べることにも上の空になりがちですし、家族の会話も激減します。

食べ方

スプーンを自分で使って食事をすることは2歳以降から可能になりますが、親指、人差し指、中指をバランスよく使っての3点持ちは3歳以降にできるようになることが多いと思います。平たい柄ではなく、丸く太い柄を使ったほうが練習しやすいと思います。

スプーンが上手に使えるようになったら、次は箸です。昔と違って今はピンセット箸、エジソン箸（写真⑩）などいろいろ出ています。急ぐ必要はありませんので少しずつ進めましょう。

写真⑩　ピンセット箸（上）、エジソン箸（下）

偏食

ＡＳＤではこだわりの結果としての偏食もよ

く見られます。幼児期前期には食べ物に対しては好奇心よりも新奇性恐怖が強いことがあり、よく初めての食べ物には恐怖心を持ちます。偏食があっても食べさせなければと思って「食べられる物」だけを与えていると、むしろ偏食は強化されます。

サンドイッチ法で、好きな物同士の間に少量の嫌いな物をはさんで、ほめながらあるいはシールなどをご褒美（療育用語で「トークン」と言います）にして食べられるようにしていきます。

スプーン法では大さじを三つ、小さじを二つ用意します。大小大小大の順番に並べて大さじに好きな物、小さじに食べられない物を少量（ほんのひとかけでもかまいません）のせて順番に食べることに挑戦します。

偏食がある場合は、スプーン法で少量でも食べられるよう挑戦しましょう

食べこぼし、遊び食べ

食べこぼし、遊び食べは、子どもにとっては普通のことです。食べこぼしは小さくパサパサした物では起きやすいので、多少のとろみをつけるなどの工夫で改善することもあります。遊び食べは食事中にテレビやビデオをつけていると必ず起きます。食事中は消してくださいとお願いしています。

また、遊び食べに対して「さっさと食べないと片づけるよ！」という言葉をかけがちですが、「もっと食べる人？」でハーイと手を挙げたら「食べようね」としたほうがうまくいきます。

3分間の砂時計をおいて「これが全部落ちるまでには食べようね」という方法も、場合によってはくり返し使えます。

遊び食べをしないように、3分間の砂時計を見せながら全部落ちるまでに食事をさせましょう

なお、食事中にすぐに姿勢が崩れてしまう場合には、発達性協調運動障害があるかもしれません。

よだれ

よだれについての質問もよくあります。よだれは、咀嚼《そしゃく》をくり返すことによって下顎の機能が向上してくれば止まります。食べ物を丸のみをしていると治らないので、よく噛《か》むことが大切です。

子どもに「よく噛む」ことを教えるときには、保護者が一緒にリズムをとりながら噛むことが基本です。まずは10回から始めましょう。

う蝕予防

食後には歯磨きとうがいを必ず行ないます。歯磨きは、歯ブラシの感触が苦手であったり、歯磨きペーストの刺激が苦手であったりすることがあります。歯磨きペーストが苦手な場合には使わずに水磨きでもかまいません。しかし、ブラッシングはう蝕（虫歯）の予防のためにも必要ですから、幼児期早期から寝かせた状態で始めます（保護者が磨きます）。嫌がっても「ちゃんと歯磨きします」と宣言してください。

歯ブラシの感触が苦手な場合には毛の硬さを変えてみてください。自分で歯磨きができるようになっても、磨き残しは多いので仕上げ磨きをすることをお勧めしています。

歯磨きの後のうがいもなかなかできるようにはなりませんが、吐き出すことばかり強調してやらせていると、歯磨きをしていないときの唾吐きなど問題行動につながることがあります。とくに水磨きのときには吐かないで飲み込んでも大丈夫です。細菌がいても胃には胃酸があります。

う蝕と予防についてここでご説明します。う蝕はできてからではなく、できる前の定期点検が必要です。点検は小児歯科をただ標榜している歯科医療機関ではなく、小児歯科専門医・認定医が望ましいです。近くにあるとは限らないかもしれません。そのときには近所の評判など

磨き残しが多いので、子どもが歯磨きをした後に大人が仕上げ磨きをします

を参考にして、丁寧に診てくれる歯科医を探してください。

フッ化物塗布やフッ素洗口、6歳臼歯が生えてきてからのう蝕予防のシーラント処理（奥歯の噛み合わせの部分にプラスチックを埋め込んでう蝕を予防する）なども併せて相談してみてください。

なお、小児歯科専門医・認定医は障害者歯科のトレーニングも受けていますので、日本小児歯科学会のホームページ（http://www.jspd.or.jp/contents/main/doctors_list/index.html）から探してみてください。

トイレについて

トイレットトレーニングをいつから始めるかは悩みの種ですし、想像以上に時間がかかることもあります。トイレの場所に恐怖を感じていることもありますので、排泄以前にその場所に慣れさせることが必要であったり、服を着たまま便座やおまるに座らせてみたりすることもあります。

全体的な発達の度合いや、子どもの理解力によっても違いますが、基本的には2語文が出始めたらお勧めしています。2語文が出ていなくても、簡単な指示の受容ができていれば開始は可能です。トイレットトレーニングはＬＳＴですから、くり返しと積み重ねが必要です。

まずは排尿ですが、いつ出るかわからないのでは失敗が多くなります。休日などを利用して朝から30分ごとに水分摂取をさせます。すなわち水分の負荷をかけます。そして最初に飲んでから30分後から15分おきにトイレに連れていって座らせます（セラピストによっては5分おきということもあるそうです）。こうすれば成功する確率が高くなります。

成功したらまずは大喜びしてみせることが必須です。加えてトイレのドアの内側に紙を貼っておいてそこにシールを貼り、それが何枚か貯まったらご褒美をもらうというトークンエコノミー（1回ずつご褒美をもらうのではなく、決められた回数がクリアできたらご褒美をもらう）の手法も使えます。成功体験をくり返したら何となくもじもじしているときにトイレに連れていく、あるいは「トイレに行く？」と声をかけることが有効です。

洋式トイレに座って排尿ができるようになったら、男児の場合には立ってするトレーニングも必要になります。ここは父親の出番です。最初はパンツとズボンを全部下ろしてもかまいません。途中まで下げてもできるようになったらズボンの前を開けておちんちんを出してする練習です。ここまでの習得期間は子どもによってかなり差がありますので、できないから、うまくいかないからといって焦らないでください。

排便も基本的には同じです。便秘がちになっているなどいつ出るかわからないときには成功率は上がりません。もじもじする動作を見てたまたまうまくいくこともありますが、成功体験はなかなか重なりません。

感染性胃腸炎で下痢をしていたときにしょっちゅうトイレに連れていって排便させていたら、トイレでの排便が確立したという話を何人かのお母さんから聞きました。やはり出るタイミングをつかまなければうまくいかないと感じました。

排便時間を一定にするために、ときには便秘薬（多くの場合には液状のもの）を処方することもあります。就寝前に飲ませればかなりの確率で朝の排便につながりますが、量が多すぎると下痢になって失敗することもあります。

排便の後にきれいに拭くこと

トイレットトレーニングは、トークンエコノミーの手法を使って上達させましょう

も課題です。男児であれば前からでも後ろからでも拭きやすいほうから教えればよいのですが、女子の場合には前から後ろに拭くので練習に時間がかかることもあります。排便のとき以外にもトイレに座って拭くだけの練習をしてみてください、とお話ししています。初めは保護者が仕上げで拭いてあげる必要があったとしても、入学前には自立させたいですね。

多くの家庭では洋式トイレだと思いますが、まだ多くの学校が和式トイレを使用しているため、就学までには和式トイレの練習も必要です。

言語的な受容や表出がうまくいかない場合には、マカトン法（イギリスで始まったサイン）などのサイン言語を使ってトイレへ行く意思表示をしたり、トイレへの誘導をしたりすることもあります。また、トイレカード（トイレの絵やTのマークなど）を使ってトイレに行きたくなったら子どもがカードを持ってくる、トイレに誘導するときにそのカードを使う場合もあります。

着替え

着替えも重要なスキルです。パンツやズボンをはくことから始めます。これもスモールステップでくり返し練習します。うまくいかなかったらプロンプトです。

シャツは肘を袖に通すのがむずかしいことが多いので、最初は袖なしのランニングシャツ、続いてTシャツになります。シャツやトレーナーなどは最後になります。

一番苦労するのは裏表と前後を間違えないことです。洋服の表前にボタンをつけておいて目印にするやり方もありますし、リボンなどを縫いつけておくこともあります。なかなかむずかしいときには着るよりも脱ぐことから始めてください。着替えとお風呂のときしか脱がないのでは練習機会は一日に2回になります。もっと脱ぐ練習をするために、着替えの機会を仕込みでつくりましょう。

ボタンは大きめのものを使ってはめる、はずすを練習します。写真⑪のようなボタンとボタンホールのついた布で練習をすることもあります。この場合には、最初はボタンホールを少し大きめにしてはめやすくし、できるようになったら少し縫いつけてボタンホールを小さくしてまた練習します。

このほかにも靴下を履く、靴を履く（左右も間違いやすいです）、靴のベルトを留めるなどいろいろな技術が必要になってきます。排尿が自立してくる頃には着替えも徐々にできることが多くなってくるようです。

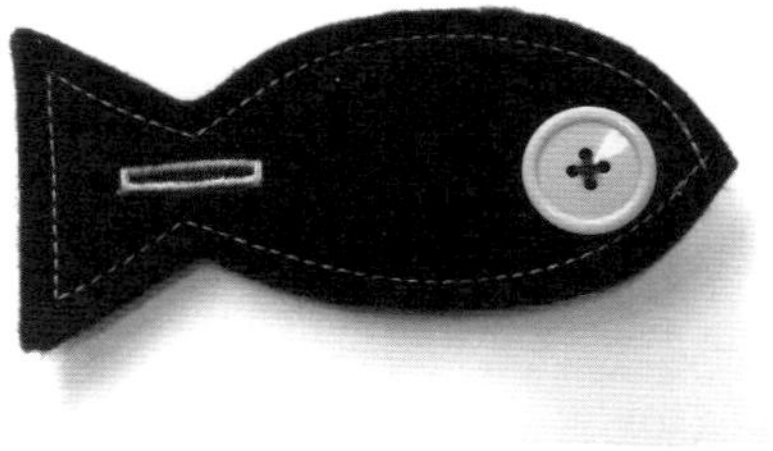

写真⑪　ボタンとボタンホールのついた布

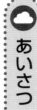

あいさつ

就学前にできるようにしておきたいのは、次の7つのあいさつです。

・おはようございます
・こんにちは
・さようなら
・いただきます
・ごちそうさま
・ありがとう
・ごめんなさい

最初の5つはくり返して場面を設定して仕込むことが可能です。「ありがとう」は、お手伝いをたくさんして「ありがとう」をたくさん言われている子どもの場合、比較的簡単にできるようになります。

問題は「ごめんなさい」です。これは手首をつかまれたら「やめて」、つかんだほうが「ごめんなさい」という練習を遊び感覚でくり返します。そのうちにできるようになります。この辺は、前著でくわしく紹介しています。

あいさつは同じ言葉で返せばよい場合と異なる場合があります。

「こんにちは」には「こんにちは」でよいのですが、たとえば「ただいま」に「お帰りなさい」や「行ってきます」「行ってらっしゃい」など違った言葉で返すときには、その場面でいきなり言わせようとするのではなく、時間のあるときに「仕込み」で玄関などでくり返して練習します。

最高難度は「ありがとう」に「どういたしまして」と返すことですが、これは就学前にできなくても問題はありません。

手首をつかまれたら「やめて」、つかんだほうは「ごめんなさい」と言う練習を交互にします

メディアとのつき合い方

テレビやビデオ、ゲーム機器などは現代の生活のなかに入り込んでいます。しかし、食事をはじめとして何かをしているときにテレビやビデオの「ながら見」になることは厳禁とお話ししています。1回に見る時間は基本的に30分以内です。

特定のビデオなどをくり返し見たがるときには、複数回のお手伝いなどのご褒美として見せてください。それもお手伝いを1回すればよいのではなくて、1回するたびにシールや○をもらっていくつか貯まったら見せるトークンエコノミーにしてください。

ゲーム機器は幼児期にはお勧めしていませんが、たとえば上の子がしていると3歳児でも同様に使っていることがよくあります。これもできればやめさせたいと考えています。

iPadなどのタブレットはどうでしょうか。教育ソフトがたくさん出ていますし、「First Words：Japanese」など療育として役に立つアプリケーションも数多くあります。私は、お手伝いなどのご褒美としてトークンエコノミーで使わせるということをお勧めします。

日常生活課題への対応

表③は、唾吐きや寝転がる、しがみつくなどの問題行動が起きてきたときの介入の原則です。

多くの本で紹介されているのが、このなかの1・注意する、2・無視する、3・タイムアウトする方法です。

実際、問題行動は注意する、叱るという対応をされることが多いと思いますが、注意して、そのときは止まっても、すぐにまた始まります。無視をしていたら、止まるかもしれませんし、ずっと続けているかもしれません。

タイムアウトはたしかに有効な手段の一つですが、保護者が「冷静に」行なうことはむずかしいでしょうし、玄関の外に出したりすれば児童虐待と間違われて通報されるかもしれません。

スモールステップでほめて消すことが有効で

表③　問題行動への介入の原則

1	注意する	そのときだけは止まっても、また始まる
2	無視する	注目されなくてつまらなくて止まることもあるが、止まらないこともある
3	タイムアウトする	外に連れ出してクールダウンさせる。家庭では簡単ではない
4	切り替える	別の望ましい行動の指示を出してそれが実行できたらほめる。家庭では一番簡単
5	ほめて消す	スモールステップで行なうので時間はかかるが有効

はあるのですが、それなりに時間もかかりますし、そのための技術やこころの準備も必要になります。

家庭内で比較的簡単な対応は、4・切り替える、です。寝転がっているときに「じゃあ、あれとってきて、とってきたら座って」と指示を出し、とりあえず実行して座ったらほめることができます。

ここで気をつけるのは、座ったからといって安心してはいけないということです。すぐに「絵を描いて」「本を読んで」などの行動の指示も必要です。座った後に指示のない空白の時間をつくると寝転がりはまた始まります。

友だちづくり

保護者としては子どもに友だちができてほしいと願います。まず友だちは本当に必要なのでしょうか。

ASDを抱えている子どもたちのなかには一人でいることに不満を感じない子どもたちも少なくありません。「1年生になったら友だち100人できるかな」という歌がありますが、そんな必要はありません。とはいえ、鬼ごっこもおままごとも一人ではできません。一人でいることに不満を感じていないようでも、ときには集団に参加したくなることもあります。また、何か困ったら援助を求める、集団への指示が理解できなかったら周りを見て行動を合わせる、といったことができるようになっていたほうが集団生活は過ごしやすくなります。

まずは、ほかの子どもと一緒に時間や空間を共有することから始めます。それから共同作業（遊び）へと進めていきます。子どもたちだけでは無理なので、保護者が参加する必要があります。ほかの子の母親と仲よくなり、そして子ども連れで家に来てもらったり相手の家に行ったりします。

私は「茶会」と呼んでいますが、大人2人、子ども2人から始めます（療育用語では「ピアトレーニング」と言います）。お茶を飲んだりお菓子を食べたり、途中で積み木のジェンガやうさぎさんタワーゲームなどの4人が参加する遊びを取り入れ、そこで会話も練習します。

乳児期から保育園に入っている場合は別ですが、幼稚園に入れようと考えるのであればこうした練習が必要になります。最初は室内遊びから始めることが多いのですが、慣れてきたら外でのかけっこや遊具を使っての遊びに広げていきます。子どもたちだけで30分遊んでいられるようになることが、友だちづくりの最初の目標です。

第6章 発達障害と医療・療育的対応

平成17年に発達障害者支援法が施行され、発達障害はその第2条で「自閉症、アスペルガー症候群その他の広汎性発達障害、学習障害、注意欠陥多動性障害、その他これに類する脳機能の障害であって、その症状が通常低年齢において発現するもの」と定義されています。この定義は疾患の羅列であり、質的な定義ではないので、私は「発達の過程で明らかになる行動やコミュニケーションなどの障害で、根本的な治療法は現在はないが、適切な対応により社会生活上の困難は軽減される障害」と位置づけています。

また、障害者自立支援法は障害者総合支援法に変わりましたが、その前に部分改正で精神障害のなかに発達障害が位置づけられました。

本書においては、法律用語という意味もあって発達障害という言葉を使います。注意欠陥多動性障害（Attention Deficit / Hyperactivity Disorder）はＡＤＨＤと言われ、アスペルガー症候群は最近では高機能自閉症と言われることが多くなっています。発達障害は発達の過程で明らかになるので、生まれたときにすぐ診断できるわけではありません。基本症状は行動やコミュニケーションの問題です。

行動の問題は多くは歩き始めなければ診断はつきません。歩きだしは1歳過ぎてからが多いので、早くても幼児期にならなければ問題点はわかりません。コミュニケーションの問題も、言葉をしゃべり始めるのが、定型発達の場合には1歳から2歳の間ですので、やはり幼児期にならないとわかりません。言葉の遅れがなければ、成人期まで診断されていない場合もあります。

根本的な治療法は、遺伝子治療、あるいは薬物療法も含めて現時点ではありません。

ADHDに関しては、症状をある程度抑えるという意味で保険適用の治療薬が2種類あります。また、二次障害としてのうつ病、パニック障害、強迫性障害などに関しても、それぞれ治療薬がありますが、根本的に症状すべてをきれいに消し去ってしまう治療は、現在はありません。

補充代替療法に飛びつく方もいますが、それで目覚ましい効果が出ることはきわめて少ないと思います。また、幼児期の発達障害への薬物療法は確立されてはいません。

しかし適切な対応をすることによって、社会生活上の困難は程度の多少はあっても軽減されます。そのためにもLSTなどのトレーニングや適切な対応が必要です。これまでにもご説明してきたように、とくに幼児期には行動を変えていくための療育的対応が必要であり、それが治療の中心になります。

療育の目標は、成人になったときによりよい生活の質が確保できるようにすることでもあります。障害を抱えていることに対して感傷的になるのではなく、今できること、将来に向けて必要なことを具体的に認識し、実行する必要があります。

たとえ同じ診断名であっても、発達状況や抱えている問題点は一人ひとり違いますので、それぞれの特性や状況を見極めた対応が必要です。しかし、わが国ではまだまだそうした対応がアメリカやカナダとくらべて広がっているとは言えません。そのために第2章〜第5章で家庭でもできる対応についてご説明しました。

ここでは、療育や医療をめぐる現状や課題についてご説明します。

療育とは何か

療育とは、障害を抱えているために「できないこと」を少しでも「できるようにする」ためのトレーニングです。目標を個々の状況に合わせて設定し、やり方も個々の状況に合わせて実施し、そして評価をします。

診断名が同じでも同じやり方で「療育」するわけではありません。療育はあくまで一人ひとりに合わせたオーダーメードです。一つのシステムやパターン、一冊の本などでうまくいくわけではありません。そして療育をどのように行なうか、その質が問われます。

療育には集団療育と個別療育があります。多くの市区町村などで行なっているのは集団療育です。個別に目標設定や発達評価を行なうこともありますが、集団での療育では個々の子どもたちに対応している時間は当然のことながら少なくなりますし、行動観察や療育の評価に使う時間も少なくなります。

ＡＳＤを抱えている子どもたちの発達状況や症状の強さは一人ひとり違います。ですからまずは個別に療育する方法を模索し、集団に参加できるようになってから集団に入れることをお勧めしています。

現在ではＡＳＤの個別療育にもいろいろな方法があります。

・ＴＥＡＣＣＨ（Treatment and Education of Autistic and related Communication handi-capped Children）
・ＡＢＡ（Applied Behavior Analysis：応用行動分析）
　ＤＴＴ（Discrete Trial Training：不連続試行法）
　ＶＢ（Verbal Behavior：行動言語）
　ＮＥＴ（Natural Environment Teaching：自然環境訓練）
　ＰＲＴ（Pivotal Response Training：機軸反応訓練、機会利用型訓練）
・ＰＥＣＳ（Picture Exchange Communication System：絵カード交換システム）
・ＲＤＩ（Relationship Developmental Intervention：対人関係発達への介入）

・DIR（Developmental, Individual-difference, Relation-based：個人差を考慮した相互関係アプローチ）
・SST（Social Skills Training：社会生活訓練）
・CBT（Cognitive Behavior Therapy：認知行動療法）
・**Portage Program**（ポーテージ療育）
・**感覚統合療法**
・**太田ステージ**

右に挙げた以外にもまだまだ多くの療育が提唱されています。私が使っているのは、基礎工事にもその手法を取り入れていますが、まずABAであり、補助的にTEACCHやPECSも使っています。

これらについては簡単に解説しますが、その他の療育方法については十分に知っていたり使いこなしていたりするわけではないので、それぞれの専門書や解説書などをご覧ください。

なお、SSTについては前著にも書きましたように、私は現在ではLSTとして行なっています。

ＴＥＡＣＣＨ

ＴＥＡＣＣＨ（Treatment and Education of Autistic and related Communication handicapped Children）は、ＡＳＤの療育としては、尊敬する佐々木正美先生がわが国に導入されました。私もＡＳＤ一般やＴＥＡＣＣＨについて教えていただきに、先生のところに何度も伺った時期があります。

ＴＥＡＣＣＨはアメリカのエリック・ショプラー（Eric Shopler）教授らによって１９６０年代にノースカロライナ州で始められました。ＴＥＡＣＣＨのポイントは以下の４つです。

- **物理的構造化**
- **スケジュールの視覚化**
- **ワークシステム**
- **視覚的構造化**

しばしば誤解されていることですが、ＴＥＡＣＣＨは支援のための総合的なシステムであり、視覚構造化（アイコンや写真、イラストなどを使って、状況をひと目でわかるようにすることです。視覚的構造化の例としては国際空港の看板が挙げられます。どの空港でも出口で、トイレ、荷物の受け取り、両替などが基本的には共通のデザインで示されていますので、迷うことはありません）のみを指すものではありません。しかし、視覚構造化は使いやすいこともあって、その手法がとりわけ多くの療育に応用されています。実際、私も使っています。

ＴＥＡＣＣＨは、支援の総合システムであるため、わが国では多くの場合、集団療育に応用されています。子どもを取り巻く環境の適切な環境設定が中心なので、行動目標や行動パターンがわかりやすくはなるのですが、コミュニケーションをはじめとして個々の能力を伸ばすという点ではなかなかうまくいかないこともあり、現在では国際的な主流はＡＢＡになりつつあります。

ＰＥＣＳ

ＰＥＣＳ（Picture Exchange Communication System）はアメリカのアンディ・ボンディ（Andy Bondy）博士らによって始められました。絵カードを用いいながらコミュニケーション能力の獲得を目指すもので、最初は絵カードの理解やカードによる指示の理解から始めて言語能力の獲得までを目指す方法です。

知的な発達の段階にかかわらず応用しやすいという特徴がありますが、自発言語の獲得という面ではＡＢＡのほうがすぐれているかもしれません。ＡＳＤの子どもたちのコミュニケーション能力を、言葉以外の（この場合は絵カードが中心になります）手段も使って獲得させようというものです。

最初はコミュニケーションの手法としての絵カードの提示や選択から始め、トレーニングが進むにつれて言葉の使用も入ってきます。まず、目の前にある絵カードを理解する、カードによる指示や物の名前を理解することから始めて、次は離れたところのカードを持ってくる、カードを示して離れたところの物をとってくる、カードに対応した行動をするなどの段階になります。最後の段階で言語や文字の使用も始まります。

ＰＥＣＳは手法的にはＡＢＡに近い側面もあります。また言葉以外の代替コミュニケーションの方法でもあります。音声言語で話すことはできなくても文字言語で読むことができる場合には、絵カードではなく文字カードを使うこともあります。

なお、サイン言語（指や手などを使って動作でコミュニケーションを表出したり受容したりする方法）は、ＰＥＣＳよりも前に開発されています。代表はマカトン法（英国で開発され、国際的に用いられています）で、わが国では旭出学園教育研究所内の日本マカトン協会（http://homepage2.nifty.com/makaton-japan/）が講習会などを開催しています。

ＡＢＡ

個別療育の手法として現在、国際的にもっとも用いられているのはＡＢＡ（Applied Behavior Analysis：応用行動分析）です。これはバラス・フレデリック・スキナー（Burrhus Frederic Skinner）博士の行動理論に基づいて１９８０年代にアメリカのＯ・アイヴァー・ロヴァース（O. Ivar Lovaas）博士らによって提唱された療育方法でもあり、研究方法でもあります。

このなかには１１６ページにも示したようにいくつかの方法がありますが、共通している基本は二つです。これに「罰を与える」を加えて三つにしている場合もあります。

・望ましい行動を強化する

・望ましくない行動を消去する

望ましい行動を増やすためには、望ましい行動の直後にほめる、ご褒美をあげるといった「強化」が必要になります。もちろんできないときには手助け（プロンプト）が欠かせません。

強化のためには、ご褒美（療育用語では「強化子」あるいは「好子」と言います）を使います。強化子にはおもちゃ、メダル、お菓子などさまざまなものがあります。食べ物を使うことがあるために、食べ物で釣っているという誤解を招き、ＡＢＡそのものに対する拒否反応を招くこともあります。私は現在では食べ物は基本的には使っていません。

ＡＢＡという言葉に拒否反応を示して、「あれはだめだ」という方もおられますが、それは黒焦げにした松阪牛を食べて「松阪牛は美味しくない」と言うことと同じではないかと感じています。適切に行なっている場面でなければ療育の評価はできません。ABAにもいろいろなやり方がありますし、セラピストの技術などもさまざまです。

望ましくない行動を減少させるためには、ほめない、ご褒美をあげないなどが代表ですが、110ページの問題行動への対応も参照してください。

ABAのなかには代表的な方法が4つありますので、これらについて簡単に説明します。

DTT（Discrete Trial Training：不連続試行法）

ロヴァース博士によって開発されたためロヴァース法と呼ばれることもあります。ABAが始まった当初はABA＝DTTでしたので、現在でもABAとはDTTだけと思っている方も少なくありません。

当初は幼児期早期に集中的に個別トレーニング（EIBI：Early Intensive Behavior Intervention）を行なうことにより（週に30～40時間が推奨されていました）、指示の理解とコミュニケーションの育成を図る方法でしたが、現在はそれほどの時間をかけなくても効果があることが明らかになりつつあります。参考図書に私たちの作成した論文も示しました。

多くの場合にはデスクをはさんで子どもと向き合います。そして指示を出して指示に従ったら強化するということをくり返します。一つひとつの試行が独立しているので不連続と呼ばれるわけですが、こなす課題には多くの場合、流れがあります。しかし、一つの訓練だけに固執していると、それができるまでの試行はすべて失敗ということになりかねませんので、実際には2時間程度の療育時間であったとしても、10以上の訓練を組み合わせることが多くなります。最初は動作模倣などから始めて、音声模倣や長い短いなどの概念の習得や、言語機能の習得を目指します。

一方、特定のセラピストや保護者とであれば実行できるのに、それ以外の人とはうまくできない（あいさつなども含みます）ことになりやすい、すなわち「般化」（特定の人以外でも模倣などが可能になること）がむずかしい場合も多いことが指摘されています。

スキナー博士の理論に基づいた完成度の高い方法でもあり、広く行なわれていますが、集中的にトレーニングを行なう場合にはセラピストの公費負担のシステムのあるアメリカやカナダと異なり、わが国ではセラピストを長時間依頼するのには経済的負担がとても大きくなるという問題点があります。

保護者がDTTを行なう場合もありますが、保護者だけでうまくやり続けることは簡単ではないと感じています。それは状況に合わせて使うプログラムを調節するのがむずかしいことや、自己流になってもそれに気づきにくいことなどによります。

また、すべての子どもたちに同一のテキストだけで療育を進めていくことは、それぞれの子どもへの評価がきちんとできないとうまくいかないことが多いと思います。

そのほかにも、家庭で行なっていると、できるだろうと思って待っていたためにプロンプトが遅れて失敗する、強化子を使うタイミングが遅い（ほめるのは秒速とご説明しました）、不適切な強化子を使うなどの問題が起こりがちです。強化子はうまくいったら1秒以内に強化し、10秒以内に取り去るのが原則です。そうでないと子どもが強化子に気をとられてしまうので次の試行に進めません。

また、DTTは時間を決めて行なうことが多いので、家庭の場合、保護者が2時間、集中力を持続することはむずかしいこともあり、途中で親子とも「やる気」が少なくなってしまいかねません。やる気が少なくなったままでは、結局、療育はうまくいきません。

また、スキナー博士の理論は「つながり感」ができているときには有効だと思いますが、「つながり感」がないままで療育だけをしてご褒美をあげ続けても、般化も含めてうまくいかないことがしばしばあると感じています。「つながり感」がない、乏しい場合にはまずはつながるための「基礎工事」だと考えています。

VB（Verbal Behavior：行動言語）

スキナー博士が1950年代に紹介し、その後1990年代以降にマーク・サンドバーグ（Mark Sundberg）博士らが方法を充実させました。言語機能を行動変容に応用することが目的です。わが国でも最近はDTTよりも広がっているかもしれません。

基本はマンド（要求語を引き出すこと）から始まります。83ページで要求語についてはご説明しました。ＶＢではデスク中心ではなく、遊びや動作訓練のなかでマンドを引き出していきます。それと同時にタクト（指差し）も重要です（80ページ参照）。タクトを行ないながら「犬の絵」を見せて「かわいいね」「ワンワンって吠えるね」「ぼくんちにいるといいね」と、視覚情報からも言語的に広げていきます。それからジェスチャーなしに言語だけの応答（イントラバーバル）にもつなげていきます（82ページ参照）。たとえば「好きな食べ物は？」と聞いたら「ハンバーグ」と答えることです。

ＶＢも状況によってはデスクを使ってトレーニングすることもあります。多くの場合にはセラピストが行ないますが、経済的負担が大きくなりがちです。

ＶＢを家庭で行なった場合に失敗しやすいのは、マンドを引き出そうとして何度もしつこく行なうときです。子どもができないことに慣れてしまっては療育にはなりません。遊びながら、タイミングを計ってトライします。遊んでいる時間ももちろん療育に含まれます。

NET（Natural Environment Teaching：自然環境訓練）

日常生活のなかで遭遇する場面を設定して、そこで動作や言語面を含んだ訓練を行ないます。好きな人やキャラクターなどを用いて訓練する環境を設定していきます。

絵の具やブロックなどもしばしば訓練には用いられます。これは構造化された環境に慣らして、そこには適応できるようになったとしても、現実の世界にはもっといろいろなものがあるので、それら（the real world）に慣れていかないと将来、社会生活ができないということから始められました。

NETでは失敗しないでできるようにということにも力点が置かれています。最近の流行りではありますが、療育ではかなり丁寧に設定をしてから行なうので、家庭で何となくやろうとすると、どうしても設定や準備が十分ではなく、行き当たりばったりになり、失敗が多くなります。

PRT（Pivotal Response Training：機軸反応訓練、機会利用型訓練）

ケーゲル博士夫妻によって、般化がしばしば困難であるというDTTの欠点を補うために考えられた療育方法であり、カリフォルニア大学サンタバーバラ校にはケーゲル自閉症センター（http://education.ucsb.edu/autism/）があります。ホームページにくわしく書かれています（グーグルの翻訳機能をお勧めします）。

子どもの行動には動機があるので、それをよく観察し、動機や行動の流れを把握したうえでどう対応するのかを考えていきます。日常生活のなかで自然に行なうこと、自然な強化子（私はタッチやハイタッチが多いですが、ありがとうという言葉も強化子になります）を使いながら、望ましい行動を増やすことになります。

苦手なものには少しずつ慣らす（前著でエアータオルの音に慣れるためにドライヤーを使う方法を紹介しました）ことや、子どもがまねしてできるようにやってみせる（療育用語では「モデリング」と言います）なども含まれます。

子どもと1対1でできるようになったら子どもの人数を少しずつ増やして輪を広げていきます（ピアトレーニング、112ページ参照）。

私の用いているABA的手法のなかでは、PRTが多いかもしれません。いつでもどこでもできますし、何よりも「つながる」という状況に持ち込むための方法論として応用ができる部分がとても多いと考えています。一日30回お手伝いをさせてほめる、指示する→できる→ほめる、すべてに通じていると思います。

家庭で失敗してうまくいかないとすれば、とくに「つながり始めた」と感じたときに「うれしくなってしつこくトライ」「感情を込めないでほめる」（子どもにもすぐにわかります）などが原因でしょうか。ときどき集中してやってみるけれども飽きるとやらないという場合も、なかなかうまくいきません。

療育で伸びない

ASDを抱えていてABA療育を行なってきたけれども、うまく伸びていかない子どもたちもたくさん見てきました。うまくいかない場合には、医師や心理職、セラピストから他人ごとのように「知的レベルが低かったので仕方がない」「やり方に熱心さが足りなかった」などと言われている場合もあるようです。たしかにそういう側面もあるとは思いますが、うまくいかなかったお子さんを拝見して、一緒に対応方法を考えて実施してみたら、うまくいくようになったことも多々あります。

補充代替療法を含めて何でも試してみるというケースは、期待どおりには伸びないことがあります。また、いろいろなセラピストに依頼し過ぎているケースもそうです。そうなれば何が軸になるかがわからなくなり、目標設定も評価もむずかしくなります。

セラピストの行なう療育では、費用も高額になることがありますし、何かが一つでも多く「できるようになること」を目標としていますので、「つながる」という基礎工事を行なっているとは限りません。

ですから、受診された方が療育で伸びないと話されたときには、年齢にかかわらず「つながり感」を確認することにしています。言語的に確認しなくても、親子の様子を観察していれば大体はわかります。そこでやはり基礎工事が必要だと感じた場合には、第1章、第2章の対応を試みていますし、それによってうまくいき始めることも多々あります。

療育開始

「いつから療育を始めればよいのか」という質問を受けることがよくあります。私は、適切な療育であれば、ＡＳＤ・発達障害を疑ったら診断を待たずに始めてもよいと考えています。アメリカ小児科学会でも疑ったら対応を始めるように勧めています（参考図書「Ａｕｔｉｓｍ」参照）。医療機関はどうしても診断にこだわりがちですし、診断をするとすれば自信を持ってしたいので、それまでは様子見と言われるかもしれません。疑わしければ、動き始めてかまいません。

また、どのような療育先を選ぶかということも重要な課題です。多くの市区町村では発達支援の通所サービスは直営あるいは委託で実施していますが、そこでは小集団での療育が中心です。発達検査などは行なっても、個々に合わせたプログラムの作成と評価については個別指導が中心ではないので、あまり細かくはありません。

また、市区町村が運営あるいは運営を委託している療育施設で、個別対応のＡＢＡを行なっているところはほとんどありません。頻度は低いものの、言語聴覚士（ＳＴ）や作業療法士（ＯＴ）、理学療法士（ＰＴ）などのマンツーマンの療育的対応を取り入れている施設が増えてきていますが、それ以外の生活時間は小集団での療育が中心です。

一方、民間の施設ではＡＢＡをはじめとしてＡＳＤ・発達障害への療育を謳っている機関は、発達支援サービスの規制緩和もあって激増しています。なかには異業種からの参画もあり、インターネットなどでも宣伝をしています。

きちんとプログラムされた療育を個別に行なうには、それなりの時間と療育者の資質が要求されます。たとえば、アメリカでは半公的資格としてのＢＣＢＡ（Board Certified Behavior

Analyst／認定行動分析士）などがあり、その他の心理職、教育職などがその人の直接ないし間接的指導を受けて個別の療育プログラムを作成することが推奨されています（https://continuinged.uml.edu/online/autism_bcba_certificate.cfm）。

しかし、わが国ではこうした資格はなく、アメリカで教育を受けたＢＣＢＡおよびそれに準ずるライセンスを持ってわが国で療育に携わっている人は２０１５年現在で10人あまりです。そのほかにもアメリカや日本の大学の研究室や療育機関で集中的にトレーニングを受けて経験を積んで療育を行っている方たちも増えてきました。しかしわが国では短期間での教育を受けただけのセラピストもきわめて多数存在し、圧倒的にそのほうが多いかもしれません。

このような状況ですから、民間の療育サービスは玉石混交であると言えます。地域差も存在しますが、首都圏だから恵まれているとも言えません。最近では医療の訪問看護の一環として、ＳＴ、ＯＴ、ＰＴなどを家庭に派遣する個別サービスも開始されている地域がありますが、質はさまざまです。

療育については受給者証を使用することによって費用が軽減される場合もありますし、全額が自己負担となって高額になる場合もあります。個別対応のＡＳＤ療育がようやく広がりつつありますが、だれもが安定した質の高いサービスを、少ない経済的負担で利用できるようになるまでにはまだもう少し時間がかかると思います。

「つながっていない」と感じるのであれば、まずは保護者が「つながる」ための努力から始めてみてください。

ASDと医療機関の受診

いろいろな医療機関を受診された後に来られることが多いのが私の外来診療の特徴です。なぜここに来ようと思いましたか、という質問に対しては「将来どうなるかが知りたい」「家庭での対応方法を教えてもらえるかもしれないと思った」と話される方が多くおられます。ということは、これまでは答えが得られなかったのでしょうか。

小児科の医師は、主訴を聞いて診断に至り、治療法を考えるというトレーニングを積んでいます。私も、そうやって若い人たちを育ててきた経験があります。

たとえば、熱があって受診した→喉が赤かった→検査をしたら溶連菌感染症だとわかった→抗生物質を処方した、という一連の流れは「熱」という主訴に対して「納得できる診断」が得られ、「一般的な治療」につながったということになります。

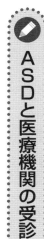

それでは、主訴が言葉の遅れであったとします。その場合にはまず難聴を疑って聴力検査をする。ここまでは問題ありません。その次に脳の病変を疑ったり代謝異常を考えたりして脳波、CTやMRIなどの脳画像の撮影、血液検査……と、こうなると迷走していきます。

脳波異常は一定の確率で見られますが、てんかんや運動障害が見られない場合に脳画像で異常が見られることは決して多くないですし、血液検査も同様です。こうなれば器質的疾患が除外されてしまうので、「様子を見ましょう」となり、子どもの行動観察をしたり、家庭での対応方法を考えたりすることにはつながりません。なぜならば診断がついていないからです。

3歳まではＡＳＤの診断をしないという医療機関もあります。ということは3歳までは療育的対応が開始できないということです。ＡＳＤの診断はするけれども医師の仕事はそこまでであると言われることもあるようです。それでは「言葉の遅れ」に対応したことにはなりません。対応が知りたくて受診した保護者に、診断というレッテル、それも一生剥がせないかもしれないレッテルを貼っただけで、「早期絶望」をさせている場合もあるようです。

私も決して偉そうなことは言えません。10年あまり前までは療育的な対応ができないことが多かったので、多くの場合には経過観察のみでした。その後でいろいろと調べたり、勉強に出かけたりすることが増えてきましたが、それはなぜか外来の中心がいつの間にかＡＳＤをはじめとする発達障害の診断をして経過観察をするだけの場所になってしまっていたからです。

佐々木正美先生をはじめとして多くの方にＡＳＤについて教えていただきましたし、ＡＳＤの療育をしているセラピストの様子も何度も拝見しました。実際には一番役に立ったのは当時インターネットとともに普及し始めていたYou Tubeでした。２００６年に始まり、とくに２００７年からはアメリカを中心にさまざまな療育の実際を見ることができるようになりました。そのうちにアメリカやカナダの療育施設などがビデオクリップを貼っていることも増えてきました。

多くの患者さんたちと、教えてくれた方々と、こうした資料によって行動観察の手法も何となく身につけてきましたし、対応方法もある程度わかるようになってきました。もちろんまだまだ発展途上ですが。

こうして、言葉の遅れであれば、疑わしければ聴力検査には回しますが、まずこれまでの発達歴をくわしく聞いて、何よりも子どもの状態を観察することとしました。診断がＡＳＤであるかどうかよりも、何ができるかのほうが重要だと考えています。もちろん「診断名は何でしょうか」と聞かれることも多々ありますので、その場合にはたとえばＡＳＤがもっとも考えられるというようなことはお話しします。

私にとってもっとも恐ろしいのは診断をすることによって保護者が「レッテルを貼られたと感じて絶望する」ことです。帰りに親子で電車に飛び込まないように、最低限一つは家庭でできる対応をお話しして次につなげようと考えています。

たとえば3歳で言葉が出ないということで来られた場合には、家庭でこんなことをやってみましょうという提案をすることが多いですし、場合によってはプロのセラピストの助けを借りることもあります。

ここで保護者から「言葉が出るでしょうか」もそうですが、「小学校に普通に入れるでしょうか（通常学級という意味です）」という質問を多く受けます。そのときには「今の時点で入れるかどうかはわかりませんが、それを目標としてできることを増やしましょう」とお話ししています。

わが国の子どもの発達障害診療の一つの欠点は「診断で終わってしまう」こともそうですが、「そのときの対応」で手一杯になり、将来像が見通せないことです。

最初にご説明したように、人生を飛行に例えたとしたら成人期のほうが小児期よりもはるかに長いのです。これからもそれを見据えた診療を目指したいと考えています。

焦らず一歩ずつ目標の達成を目指します

発達障害と薬物療法

ＡＳＤについて保険診療で認められているのはオーラップ（一般名：ピモジド）のみです。効果がある場合もあるようですが、私はそれほど効果があるとは感じなかったので処方していません。抗生剤などの併用禁忌や不整脈の副作用もあります。

最近では抑肝散《よくかんさん》やこれに陳皮半夏《ちんぴはんげ》を加えたもの、大柴胡湯《だいさいことう》や四逆散《しぎゃくさん》などの漢方薬を使用しているところも増えているようです。抑肝散はもともと子ども用に開発されたという経緯もあり、不眠やいらいらに対して私も処方することがあります。自傷行為がかなり激しい場合にはリスパダール（一般名：リスペリドン）をやむを得ず少量処方することもあります。

多動や衝動、不注意などのＡＤＨＤの症状に対してはコンサータ（一般名：メチルフェニデート）とストラテラ（一般名：アトモキセチン）があります。私はどちらも就学前には基本的には使いませんが、ストラテラは液剤が発売されたこともあり、使用している医療機関もあるようです。私はまずはＬＳＴだと考えています。

なお、ＡＳＤへのオキシトシンというホルモンの点鼻療法については、東京大学医学部附属病院精神神経科の山末英典先生たちが成人のＡＳＤを抱えた方を対象として、エビデンスレベルの高い方法で試しておられ、主として対人関係機能の改善を認めたことが報告されています。

小児についての効果はまだ不明です。実際にこれまでにアメリカから個人輸入して試した方を何人も拝見しましたが、その効果は実感できませんでした。ＡＳＤの多様性を考えると、とくに幼児期ではある程度大きな集団で検討をする必要があるのかもしれません。

補充代替療法（Complementary and Alternative Medicine：CAM）

現時点では従来の医療の範疇《はんちゅう》とみなされていない代替医療や製品の総称です。アメリカでは「いくつかの薬剤、健康法、技術、食品などで障害や疾患に対する直接の医療的対応ではない治療法」とされています。

ASDにおいても実にさまざまなCAMが提唱されています。共通する問題点は、成功例は紹介するが失敗例の報告はないことと、明らかなエビデンスを持った論文がないことです。

また医療であれば何を目標に行なうか、という前提がありますが、CAMの場合にはそれも漠然としています。なかなか改善しない状況に藁をもつかみたい保護者の気持ちがわからないわけではありませんが、いわば障害ビジネスではないかと考えられるものも残念ながらあります。

サプリメント、ビタミン

アメリカでASDに対して使われているサプリメントは300種類以上あるという話を帰国した方から聞いたことがあります。ビタミンもいろいろな種類が使われており、なかには個人個人に合わせて調合している医療機関や薬局もあるようですが、それによって何がどう変化したかの客観的評価は行なっていないようです。

最近では魚油などもサプリメントとして使われているようですが、重金属や添加物含有などの可能性もあり、お勧めしていません。少なくとも、現時点で有効性が確立している、あるいは有効であると感じられるサプリメントやビタミンはありません。

除去食

さまざまな除去食がありますが、代表的なのはＧＦＣＦ（グルテンフリーカゼインフリー）だと思います。すなわち小麦に含まれるグルテンと牛乳に含まれるカゼインを摂取しないという食事療法で、いらいらが減り落ち着くとして一時アメリカで流行し、日本でもトライする人が多いようです。稀に効いたかもしれないと言われる保護者の方もおられますが、効果を実感することはあまりないと思います。

小麦を食べなくても米はありますし、牛乳や乳製品をとらなくても代わりがあるのですが、希望されるならばどうぞとお話ししています。アメリカでは効果が１カ月以内に出たという話が多いようですので、２カ月やってみて効果がなければそれ以上はお勧めしていません。

キレート療法

防腐剤として微量の水銀が含まれている予防接種ワクチンの使用開始時期とＡＳＤ増加の時期が一致するのではないかという論文が出たことをきっかけとして、ＡＳＤの原因は水銀をはじめとする重金属の蓄積であるという説が出ました。その後の検討で論文は撤回されました。アメリカ小児科学会も日本小児科学会も「ＡＳＤは、水銀の蓄積が原因で発症するという考え方には科学的根拠は乏しく、キレート療法が有効であるという科学的根拠はない」ことを発表しています。

キレート療法とは特殊なキレート剤という薬品を投与して水銀などの金属に結合させ体外に排出しようという治療法です。この治療によって死亡したと考えられるケースも出ています。しかし、インターネットでＡＳＤを検索すると、いまだにキレート療法の宣伝や、髪の毛の水銀を調べるなどの宣伝が見られます。

医療的侵襲（身体に負担のかかる治療や検査）

三角頭蓋《さんかくずがい》（頭蓋骨がくっついて脳内の圧力が高くなっている可能性のある状態）の手術と全腸検査が挙げられます。これらは保険診療で行なっている場合もあるようですが、いずれも対象児のほとんどがＡＳＤを抱えているにもかかわらず、治療前後の症状や発達などについての客観的な指標は報告されていません。

三角頭蓋については、頭蓋の指圧痕を脳圧亢進《こうしん》の根拠としているようですが、特異性は低いと考えられますし、手術を受けた方は相当数拝見してきましたが、効果を実感したことは私にはありません。

脳と腸の関連については、ＡＳＤを抱える子どもたちがしばしば消化器症状も抱えていることから注目されるようになってきました。ＡＳＤ以外でもさまざまな疾患モデルで脳腸相関（自律神経系などが密接に関係しているので脳の機能と腸の機能は互いに関連する）という考え方も出てきていますが、全腸検査の後の薬物投与が、直接の治療に結びつくという根拠はまだないと考えています。

通所受給者証、障害者手帳と特別児童扶養手当

発達支援サービス（いわゆる児童デイサービス）は、市区町村での違いはありますが、障害児通所給付費等支給申請（および障害児相談支援給付費支給申請）を行ない、「通所受給者証」の交付を受け、指定支援事業者と利用契約を締結すればサービスを受けることができます。身体障害者手帳、療育手帳、精神障害者保健福祉手帳を持っている児童も該当します。

受給者証が使える場合には、それを使用することによって費用負担は通常１割になり、月ごとの支払限度額も設定されます。利用日数の上限は市区町村によって異なります。

障害者手帳（東京都などでは愛の手帳）は、身体障害がないＡＳＤの場合は知的障害としての手帳を申請し（多くの場合には児童相談所で発達検査・判定があります）、取得することになります。

療育によって生活能力が向上すると、それによって知的能力も向上したと判断されることがあり、ＡＳＤの症状で社会生活上の困難があるにもかかわらず、いったん取得した手帳を取り上げられるケースが出てきています。

障害者総合支援法ではＡＳＤをはじめとした発達障害は精神障害の一部として位置づけられていますので、その場合には精神障害としての手帳の取得が可能です。しかし、都道府県によっては交付に消極的な場合もしばしば見られます。

特別児童扶養手当は、障害を抱えている児童がいる場合に手当を支給する制度です。全国的に行なわれていますが、支給の要件は市区町村によって異なりますし、収入制限もあります。市区町村の障害福祉担当部門に確認されることを勧めています。

第7章 乳幼児健診への対応

乳幼児健診はわが国では母子保健法第12条で1歳6カ月児健診と3歳児健診を行なうことが定められており、全国で市区町村が実施主体となって行なわれています。このほかにもほとんどの市区町村で生後3～4カ月児健診が行なわれているほか、2歳児健診や5歳児健診を行なっている地域もあります。

ですから、ほとんどの子どもたちは生後4カ月、1歳6カ月、3歳で健診を受けていることになります。しかし、乳幼児健診を専門としている医師はいませんので、私も含めて業務の合間などに行なっていることが多いと思います。

医師や保健師向けの乳幼児健診の本はこれまでにもありましたし、私も書いていますが、受ける側の保護者が読む本はあまりありませんでした。健診でチェックを受け、心配になることもあるわけですが、とくに発達の問題はとても大きな心配事です。この章では乳幼児健診でいろいろなことを指摘された場合の考え方を中心としてご説明します。

ここまでこの本を読んでこられた方であれば、もし何らかの発達面での問題が疑われたときに「どのように基本的な対応をするか」「何をするか」については、場合によっては多くの医師や保健師よりもよく知っているかもしれません。

4カ月児健診

4カ月児健診は母子保健法に定められた健診ではありませんが、ほぼすべての市区町村で実施されています。問診、身体測定に始まり、医師による診察があります。

問診では一日の生活のリズムや栄養状況などについて聞きます。満期産の場合には生後4カ月頃には概日《がいじつ》リズム（夜と昼との区別ができてくること）ができ始めており、夜間の授乳がない場合もあります。問診では育児が楽しいかどうかもよく聞かれますが、この時期にはとくに第1子であれば日々精一杯で楽しむ余裕があるとは限りません。

早く生まれた赤ちゃんの場合には、発達などの評価は修正月齢で評価することが基本です。たとえば、在胎36週で生まれた場合には4週間早く生まれていますので、満4カ月は修正月齢では満3カ月になります。自治体の健診は修正月齢ではなく、生まれた日を基準とした暦年齢で通知されますので、早く生まれた場合には周りの子を見て焦ることがあるかもしれませんが、修正月齢で考えるという原則を忘れないでください。

身体測定では、頭囲、胸囲、身長（この時期は寝かせて測ります）、体重（10グラムの単位まで測ります）の測定が行なわれます。頭囲は出生時にくらべて大きくなっているかどうかのチェックです（大きくなり過ぎても、大きくならなくても問題になる場合があります）が、体重は増加率をチェックされます。

せっかく母乳で育てているのに、生まれてからの一日増加量が20グラム程度の場合にはミルクを足すことを勧められることもあります。しかし発育状況がよければ慌てる必要はありません。体重が増え過ぎと言われることもありますが（母乳の場合はまず問題はありません）、ミルクの場合には量を調節したり、白湯に一部を変えたりすることもあります。

診察では全身を一通り診ます。心雑音から心疾患が見つかることもありますし、股関節脱臼（最近では発育性股関節形成不全とも呼ばれます）が見つかることもあります。首がすわっているかどうかのチェックは

表④　４カ月児健診で気をつけること

・首がすわっているかどうかを確認してもらいましょう

・ちゃんと体重が増えているかも確認してもらいましょう

・股関節に異常がないかどうかも聞いてみましょう

・できれば目が見えているか、聞こえているかもチェックしてもらいましょう

・もしも「様子を見ましょう」と言われたら「いつまで」「何を」を具体的に聞きましょう

とても大切です。これがその後の運動発達につながる基本だからです。

ですから眠かったり哺乳後だったりも含めて、きちんと確認できない場合には、2週間後や翌月など時期を変えてちゃんとすわっていることを医師が確認します。確認なしにただ様子を見る健診はNGです（表④）。

1歳6カ月児健診

1歳6カ月児健診は母子保健法第12条に定められた法定健診で、市区町村が実施主体であり、実施の義務があります。健診を受ける義務はありませんが、いろいろなチェックがあるので、受けておいても損はないと思います。

実施の時期は満1歳6カ月になった日から満2歳になる前の日までです。集団で行なっているところが多く、1歳7カ月時に行なっているところが多くあります。もしも受けられなかったら2歳になる前の日まで別の期日を利用して受診することは可能です。

また、小さく生まれた赤ちゃんは修正月齢でチェックする必要もあります。いずれにしても「障害の可能性」だけを指摘して終わるのであれば、健診には意味がありません。

1歳6カ月児健診で気をつける点についてまとめておきます（表⑤）。

運動のチェック

1歳6カ月になれば多くの子どもは一人歩きができます。まっすぐ歩くだけではなく、後退したり曲がったりもできますし、歩くときの手の位置は歩き始めてから1カ月以上たっていれば下にして歩くことができます。階段などは手をつながないと上がれないことが多いです。

粗大運動は歩行で見ることができますが、この時期には微細運動も発達してきますので、健診では積み木を積む(2.5~3センチ角のもの)ことやストローを使うことなどのチェックもします。これらのことができていれば、それほど気にすることはありません。

表⑤　1歳6カ月児健診で気をつけること

- まず歩くことができるか、
  歩き方は大丈夫かを確認してもらいましょう
- できれば目が見えているか、
  耳が聞こえているかもチェックしてもらいましょう
- 言葉が遅れていると言われたら、
  何をすべきかを具体的に聞きましょう
- もしも「様子を見ましょう」と言われたら
  「いつまでに」「何を」を具体的に聞きましょう
- 発達テストを受けたら、その結果と判断の根拠と将来変わるか
  どうかも聞きましょう

言葉やコミュニケーションのチェック

1歳6カ月頃のコミュニケーションは言語的な面よりは身振りや手振りを含めた非言語面の発達が著しいのですが、非言語面のチェックがむずかしいこともあって、多くの健診では言語面のチェックが中心です。

意味のある単語が5語以上自発的に言えるか（幼児語も含みます）でチェックしているところが多いと思います。あらかじめ問診票を送付して、そこに記入するスタイルが多いと思います。

10年あまり前に1000人以上の子どもを対象としてこの時期の子どもの言葉をチェックしたことがあります。ベスト10は、①ワンワン ②パパ ③ママ ④バイバイ ⑤マンマ ⑥ブーブー ⑦ニャンニャン ⑧ネンネ ⑨イタイ ⑩チョウダイ でした。

最近では「アンパンマン」が5番目くらいに入っていると、数年前にNTT総研の方に伺いました。単語を言えなくても何のことか理解できていることが多いので、これらの単語を使い、子どもが反応するかどうかを見ることもできます。

過去に私が調べたときには男児で85％程度、女児で90％程度が5語以上の自発語を話すことができました。無発語（一つも単語が出ない）は、男児で3％、女児で2％程度に見られましたが、その場合には耳が聞こえているか、言葉や動作の理解ができるかの確認が欠かせません。

聴力は携帯電話を2台使って1台からささやき声で呼びかけて、子どもの耳に当てたもう1台からの音に反応するかどうかを両方の耳で実施すればわかります。疑わしい場合には医療機関で聴力検査を受けましょう。とくに新生児期に聴覚スクリーニングを受けていない場合には検査が必要です。

言葉の理解は、先ほどの10個の単語が理解できるかどうかをチェックすることもできますが、定型発達の場合には、この時期になれば「リモコンとって」「これ捨てて」などの簡単な2語文指示を理解し実行することができる子も多くいます。

単語を話さないし理解もできていないときには、まず先ほどの「つながり感」を思い出してみましょう。つながっている感じがするのに言葉が出なければ、まずは聴力のチェックです。つながり感が乏しく、単語が出ない場合には、知的な遅れやASDなども疑うことになります。

動作理解の代表は「バイバイ」と「チョーダイ」です。これらを適切に模倣したり使えたりしていればまず問題はないと思います。そのほかにも「おはよう」に合わせて頭をちょこっと下げたり、「つながる」ための具体的な方法でご説明したように、名前を呼んだら手を挙げるなども理解の確認には役立ちます。

言語理解や動作理解ができていなくて単語が出ない、しかも聴力には異常がないとなれば、知的障害やASDを疑うことになります。

ASDの早期発見、早期対応が叫ばれるようになってからM-CHAT（Modified Checklist for Autism in Toddlers）という23問のチェックを健診で行なう自治体が出てきました。

この検査は国立精神・神経医療研究センターの神尾陽子先生たちが日本語版も出しておられますが、主に非言語的なコミュニケーションをチェックするものです。このチェックが陽性で、言語発達の遅れがあればASDの可能性がありますので、先ほどもふれたように療育の対象となる可能性が高いと思います。

問題は言葉の発達の遅れがないのに陽性になった場合です。この場合には将来、「高機能自閉症」「アスペルガー症候群」と診断される可能性がありますが、この時期には診断できません。そんなときには第2章のつながるためのLSTをせっせとやってみましょう。

ASDの症状は「つながらない」感じとともに出てくることが多いので、つながるためのトレーニングは症状の出現を予防することにも有効だと考えています。

くり返しになりますが、ASDの疑いがある場合に「様子を見る」「療育の順番待ちをする」だけでは意味はありません。まずはつながるためのトレーニングを始めて、それをしながらどのように療育をするかを考えましょう。

発達テスト

健診で発達の遅れがあると考えられた場合には、しばしば発達テストを受けることになります。新版K式2001、遠城寺式、田中ビネーV版、デンバー式などいろいろありますが、そこでの判定結果はあくまで「その時点」のものだということを忘れないでください。

適切な対応によって発達指数が変化することもあります。とくにＡＳＤの場合には療育によって改善することもあります。残念ながら十分には改善しない場合もありますが。その時点で低い数字だということは、将来も低いということではありません。

3歳児健診

３歳児健診は母子保健法第12条において、満３歳以上４歳未満で市区町村が行なうことが義務づけられています。３歳１カ月に実施しているところが多かったのですが、最近では視聴覚健診があり、その結果が判定しやすいこともあって、３歳６カ月周辺で行なう自治体が増加しつつあります。

３歳になると運動発達では歩く、走るなど移動運動を含む粗大運動はほぼ完成されていますが、ジャンプや片足立ちは３歳の頃にはできない子が多く、４歳が近づくにつれてできるようになることが多くなります。

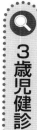

合併症のない低出生体重児の場合には、この健診からは修正月齢を用いなくても発達の判定ができることが多いですが、出生体重が１０００グラム以下の場合には、とくに身体発育面ではまだ遅れを認めることもあります。

３歳児健診の内容は、問診、身体計測、内科診察に加えて歯科健診が含まれます。加えて尿検査、視聴覚健診が実施されています。このなかで視聴覚健診などをどのように行なうかによって実施方法や時間も大きく異なります。

問診については、多くの自治体では事前に問診票を郵送などで配布し、当日回収する方式が多く、視聴覚健診についても家庭でランドルト環（眼科で視力検査に使う一部が欠けた黒い円）を使ってのチェックやささやき声での聴力の確認を依頼している自治体もあります。

5歳児健診などがない場合には、その後、就学時健診までチェックの機会がないので大切な健診です。

運動発達のチェック

歩く、走るなどの粗大運動は多くの子どもたちは普通にこなします。ジャンプや片足立ち、階段をのぼるときに、足を交互に出すなども徐々にできるようになってきます。注意しなければいけない点は二つです。

1. できていた粗大運動ができなくなった。運動の左右差がはっきりしてきた。

とても少ないですが、この場合には筋ジストロフィーをはじめとした神経や筋肉の疾患を疑うことになりますので、もしそうした症状があると感じていたら必ず健診で伝えてください。また、もし健診で指摘された場合には、精密検査を要求してかまわないと思います。

2. 歩けるけれども転びやすい。座れるけれども座り続けられない。

第3章でご説明した発達性協調運動障害の可能性があります。発達障害に合併しやすく、まだ診断されていなければ隠れている可能性もありますが、日常生活に支障がなければ焦る必要はありません。

微細運動（主に手の指を使う運動です）は親指、人差し指、中指までが分離して使えるようになるので、ふたを回して開ける、ハサミで直線を切るなどもできるようになってきます。ただし発達性協調運動障害があればなかなか上手にはできません。健診では微細運動についてのチェックはしていないことが多いですが、もし問題を指摘された場合には作業療法など、何が必要かも聞いてみてください。

言語やコミュニケーションのチェック

言語面では定型発達の場合には3歳になれば2語文を話すことができるようになり、助詞も多くの場合には適切に使用できています。助詞の入らない2語文はもとより、単語も話すことができない場合にはチェックされますが、疑いで終わって様子を見ることだけは厳禁です。

1歳6カ月児健診でもご説明したようにＡＳＤや発達障害の可能性があれば適切に対応すべきですし、この時期にＡＳＤを見逃してしまうと、療育的な対応も大幅に遅れますし、それは発達の遅れを決定的にしかねません。

ＡＳＤのうち約20％は折れ線型ＡＳＤ（71ページ参照）が占めると言われています。この場合には1歳〜1歳6カ月頃の発達はまずまずですが、1歳6カ月から2歳にかけて話していた単語が消えてきます。これも3歳児健診では見落とせません。そう感じたときには何をすべきかを具体的に聞いてください。

非言語的なコミュニケーションは共同注視や表情への反応が代表です。これらがちゃんと発達しているかどうかは「つながり感」に直結します。それがうまくいかない場合にはなかなか適切な指示が通らないと思います。

社会性のチェック

3歳になれば家族以外の人とのかかわりも出てきますし、自我の発達からさまざまな社会的な欲求（お出かけ、新しいおもちゃなど）も出てきます。しかし、健診の場では実力が発揮できないこともあるかもしれません。

普段の生活で友だちができないなど心配なことがあれば相談してみましょう。もちろん保育園や幼稚園での生活など集団生活の経験によっても差が出てきます。

多動や衝動的行動など、いわゆるADHDを疑わせる行動に対しては、この年齢では薬物療法はまだしないことが多いと思いますので、まずはLSTです。前著で説明したLSTのなかにも3歳で言語理解ができるのであれば可能な方法もありますので参考にしてください。

発達検査について

発達検査については1歳6カ月児健診と基本的には同じです。ここで低い数値が出たから将来も低いとは限りません。できることを少しずつ行ないます。

なお、3歳児健診で発達の遅れを指摘され、発達検査を行なって数値が低い場合には、集団での療育を勧める自治体が多いと思います。個々の子どもたちの状況を評価することができても、それに見合った個別の療育が可能である自治体はほとんどありません。

多くの場合には知的障害を対象とした発達支援サービスへの通所を勧められるわけですが、それだけでは十分ではない可能性が高いことはこれまでにご説明したとおりです。

脳性麻痺の場合の装具は一人ひとりの足の形に合わせて作製するのに、なぜ発達の遅れへの対応はそうしないのかということになります。

レッテルすら貼られない

乳幼児健診は一種のスクリーニングですから一定の確率で見落としも生じます。ですから健診で何も指摘されなかったから大丈夫ということではない場合もあります。ここまで読んでこられたことを踏まえ、いろいろな可能性も考えて、冷静に対応してください。もし健診担当者が障害や疾患の疑いだけを告げて、具体的対応を示さないとすれば、それは「レッテルだけ貼って何もしない」ことです。それでは子どもに対する回避感情が強くなり、それこそ児童虐待につながってしまう恐れがあります。できることはあるはずなので探しましょう。

しかし、「様子を見ましょう」で終わってしまって疑いすら持たれない場合もありますので、気になったらもう一度、健診担当者に相談してみることも大切です。

第8章 就学に向けて

就学は4月1日に満6歳を迎えている児童が小学校に入学することであり、教育を受けさせることは保護者や市区町村の教育委員会にとっての義務であるとされています。

乳幼児期に発達の問題を抱える子どもたちを育てている保護者にとってはいわばゴールのように見えるのですが、就学は決して人生のゴールではありません。これからいくつもくぐっていくゲートの一つにすぎないのですが、そのゲートのくぐり方によって、将来に差が出るという可能性もありますので、保護者が悩むことも多くなります。

就学には通常学級（いわゆる普通学級）、特別支援学級（以前は特殊学級と呼ばれていました）、特別支援学校（以前は養護学校と呼ばれていました）の3種類があります。

余裕を持って就学に対応できればよいのですが、就学は4月なのに就学時健診はその半年前の前年の10月〜11月で、就学相談に至っては早いところでは前年の5月から始まります。しかし、なかには就学時健診を受けた時点から就学までの半年に、発達が大きく伸びる場合もあります。

就学時健診のときに発達面が追いついていれば心配も少ないと思いますが、十分には追いついていない場合には、それこそ入学までに、2年生になるまでに走りながら追いつこうと考えることもあります。

ここでは就学までの流れを一つひとつ追ってみましょう。

ゲートのさまざま

小学校の就学先は通常学級か、特別支援学級（以前の特殊学級、知的障害と情緒障害あるいはASDに分かれますが、運用上は一緒にしていることもあります）、特別支援学校（知的障害と肢体不自由、視聴覚障害に分かれます。知的障害の細分化はありません）の三つから選ぶことになります。

通常学級に在籍していても個別や小集団の指導が受けられる通級指導教室に週に1〜2回通う場合もありますし、加配という補助教員がつく場合（市区町村によっては実施していません）、シャドーという付き添い（療育担当者などがつきますが、認めていない市区町村が多いです）がつくなどいろいろな対応があります。

しかし30〜40人で1学級となることの多い通常学級に通う場合には、食事、着替え、トイレの自立や集団指示が理解でき実行できることを要求されます。学習指導要領に沿って学習が進みますし、一部の市区町村を除いて学区の小学校に通うことになります。

特別支援学級は通常学級よりは少人数で運営されていますが、学習は複数の学年を一緒にしてレベルをそろえて行なっていることもよくあります。学習指導要領には沿わないので、学級によって学習レベルも生活レベルもさまざまであり、実際に通う、あるいは通う可能性のある学級の実情を調べる必要があります。見学を認めてくれる学級が多いのですが、公開日のみとしているところもあり、また学区に縛られないで市区町村全体から選択できる場合もあります。

特別支援学校は、小学校の場合には視聴覚障害や肢体不自由を除くと、知的な問題があっても情緒的な問題があっても基本的には知的障害を対象とした学校になります。一部の市区町村では学校を選択できる場合もありますが、多くは決められた学校に通うことになります。特別支援学校の設置状況は市区町村によって大きく変わり、その充足状況によって入学対象者が左右される場合もあります。同じく学習指導要領には縛られません。

これら三つの区分になっていますが、実際には迷うことも少なくありません。とくに通常学級にするか、特別支援学級にするかで悩まれる方は多く、就学時健診後の就学勧告で迷っているような状況の場合には、特別支援学級を勧告されていることが多くあります。勧告に従って就学するか、それとも自分の希望を通して通常学級に就学するかは、時間的余裕のあまりないなかで、しばしば相談にのっています。

特別支援学級に就学して伸びたから通常学級に替わりたいという場合には、多くの市区町村で就学支援委員会での「就学勧告」の変更が必要になり、手続きが困難な場合もあります。ですから迷った場合には、まずは通常学級でスタートし、抱えている問題点に対してどのように工夫して対応していくのかを一緒に考えていきます。

どうしても学習面でついていくことが無理であれば、それから特別支援学級に移ることもあります。学習面以外の社会生活面での問題を抱える場合にはケースバイケースですが、前著のLSTを集中的に行なうことも含めて、就学までにできることを増やします。

多くの教育委員会では、簡単に「伸びたら通常学級に替わることができますよ」と言いますが、そう言われた場合には過去5年間で実際に何人が替わったかを質問してみてください。即答できないことが多いはずです。最近は徐々に対応できる市区町村も増えてきてはいますが、まだまだ少ないと思います。

また、特別支援学級と通常学級の交流については、地域や学校差が大きく一概には言えません。可能であればなるべく交流の時間や日数を増やしてくださいとお願いしていますが、現実には一部の地域を除き、交流は十分ではありません。

通常学級の場合、規模の大きな学校がよいか小規模校がよいかということもよく質問されます。学校全体で共通認識を持つためには小規模校のほうが教員の数も少なく、共通認識が得られやすいと思います。しかし、小規模であるため特定の子どもとのトラブルが頻発した場合などに、逃げ場がないということにもなります。また小規模であるために、問題が「目立つ」という場合もあります。

大規模校の場合には教員全体での共通理解は、教員の数が多いこともあってなかなかむずかしいですが、トラブルになったらクラスを変更することも可能ですし、問題が目立たないで埋もれてしまう場合もあります。

事前によく調べておき、選択可能な場合には何度も訪問してみて考えてください。どちらがよいかは地域の特性を含めてケースバイケースだと思います。

公立がよいか私立がよいかということもよく聞かれます。一般的に公立の利点は費用が安く近いことです。私立の利点は公立に比べて教職員の異動が少ないことです。学校が近くにないことが多いですし、費用もそれなりにかかります。具体的に学校名を挙げるわけにはいきませんが、発達障害を抱えていても、上手に対応しようとしている私立の小学校も以前よりは増えてきました。しかし、そうした学校がどこにでもあるわけではなく、小学校1年生からの遠距離通学もお勧めできないので、多くの場合には公立の小学校を選択し、必要な場合には次にご説明する事前交渉をすることになります。

就学相談

多くの市区町村の教育委員会では、発達面を含めて何らかの課題を抱える子どもたちを対象とした就学相談が就学前年の7月頃から始まります。早いところでは5月頃から始まります。保護者にとってはこの相談を受けるかどうかはとても悩ましい問題になります。

たとえば「自閉症スペクトラム障害」という診断を受けていて、相談に出かけると、「自閉症は改善しないので通常学級などあり得ない」と頭ごなしに判断されてしまうこともあります。さらには「何か問題があるから相談に来たのですよね」と最初から特別支援教育をちらつかせるところもあります。

しかしながら就学相談を受けることによって、何が問題になりそうかを予測したり、就学後の支援につなげようと考えたりしている教育委員会もありますので、一概には何とも言えません。地域の評判などを参考にしていただければと思います。

また就学相談を受けていない場合には、入学後の加配をつけないと決めている教育委員会や、通級指導（通常学級に在籍しながら個別に特別支援教育を受けることのできる制度）についても就学前に相談しないと受けられないと同じように決めている教育委員会もあります。

相談に行くと発達検査を行ない（多くのところでは田中ビネーV版ですがWISC-Ⅳを行なうところもあります）、その数値を機械的に判断して、数値が低ければ就学先を特別支援学級や特別支援学校へと誘導していることもあります。発達検査にはそれぞれの特性もありますし、検査を実施する担当者の技術にも結果が左右されます。ですからその数値だけで決めてしまうことには問題が残ります。

とくにＷＩＳＣ-Ⅳを行なった場合には全検査ＩＱ（ＦＳＩＱ：いわゆる知能指数です）だけを見るのではなく、下位尺度のばらつきや、さらにその詳細を見ることも、結果をきちんと解釈するためには必要になります。

就学時健診

10月になれば、全国的に就学時健診が始まります。これは10月1日現在で来年の4月に小学校に入る子どもたちの就学時健診をしなければいけないことが、学校保健安全法、学校教育法施行細則で法的に定められているからです。

実施主体は市区町村の教育委員会で、実施する義務はありますが、子どもには「受ける義務」はありません。しかし就学するのであれば、学校との接点を上手につくりながらのほうが就学後の学校生活がうまくいく可能性が高いですから、受診拒否はお勧めしていません。

就学時健診は学区の小学校で平日の午後に2～3時間で行なうことが多く、内容としては簡単な知能検査（教研式を使っているところが多いです。10問あり、8問あるいは7問以下の正答率の場合には再チェックを受けることがあります）、内科検診、歯科検診、耳鼻科検診、眼科検診などを数人ずつのグループに分かれて受けることになります。保護者は別室で待機しているのが一般的です。

耳鼻科検診と眼科検診については耳鼻科医や眼科医が参加できない場合には、言葉と聞こえの検査や視力検査で代行している場合もあります。小集団で動くことが多いので、その様子を複数の教員が確認しているようです。

検診当日に結果を言い渡されることは少なく、言葉や発達の面で課題を抱えていると判断されると、後日、二次検診として発達面を中心としたチェックが行なわれることになります。

二次検診と就学勧告

就学時健診の結果に基づいて、そこでの指示が十分に通らなかったり、簡易知能検査でチェックをされたりした場合には、後日、二次検診が行なわれることがありますが、この手続きについては市区町村で異なります。就学相談から直接に就学勧告が出され、二次検診を受けなくてもよい場合もあります。

多くの市区町村の教育委員会では、就学指導委員会、あるいは就学支援委員会と呼ばれる委員会が各学校の代表者や医師、特別支援教育の担当者などの有識者によって構成されており、二次検診の結果を検討して就学勧告を出します。

就学勧告は基本的に通常学級適、特別支援学級適（知的と情緒・ASDがあります）、特別支援学校適の区分になり、担当者から保護者に通知され、勧告に沿った就学を勧められます。

就学勧告に従う義務はありませんが、従わないで希望の就学先を選択した場合には、くり返し「就学指導」を行なう教育委員会や学校もあります（就学勧告と異なる就学をしたとみなされた場合です）。

就学通知

多くの市区町村では就学する小学校への就学通知が入学前の1月頃に送られてきます。

たとえば発達障害と診断されていて、通常学級に就学するけれどもいろいろ配慮をしてほしいという場合などは、私は就学通知が来てから動きだすことをお勧めしています。

市区町村によってはサポートブックなどが定められているところも多いのですが分量が多く、なかなか有効活用がむずかしいこともあります。

就学通知からの支援の要請の流れは、この後の学校との相談の項をご覧ください。

就学猶予

就学猶予とは満6歳になった後の4月1日に小学校に入学するのではなく、それを1年先送りすることです。学校教育法第18条に「病弱、発育不完全その他やむを得ない事由のため就学困難と認められる」場合に認められるとされており、その権限は市区町村の教育委員会にあります。

ＡＳＤや発達障害で認められるかというと、結論から言えば簡単ではありませんが、認められる場合もあります。

就学時健診の通知が来る９月頃に、就学猶予の申請を医師の診断書（私がかかわっている場合には私が書きますが）、猶予を得たとした場合の１年間をどのように過ごすか（幼稚園や保育園に在籍させるのか、療育施設に在籍させるのかなど）などの計画書を添えて、申請書とともに市区町村の教育委員会に申請します。

もちろん就学時健診は受けません。受けるということは翌年４月１日に就学するという意思表示だと受け取られるからです。生まれたときの体重が２５００グラム未満の低出生体重児の場合には認められやすく、慢性疾患で入院中であったりリハビリテーションの最中であったりする場合にも認められやすいです。

しかし、ＡＳＤをはじめとする発達障害で、療育をしてもう１年あれば通常学級に入れるかもしれないという理由で申請すると、「そのために特別支援学級も特別支援学校もあります」という答えがしばしば返ってきます。

しかし、いったん特別支援教育で就学した場合に、それを後で通常学級に変更することは一部の市区町村を除いてとても困難です。たとえば小学校１年生を２回する、途中で１年休むなどの柔軟性は今の教育制度にはありません。就学してしまえば、後はエスカレーターに乗せられて中学校3年生まで行ってしまいます。

私は、もう少し療育的対応をしてみたいので就学猶予をと考える保護者にはなるべく協力するようにしていますが、教育委員会の厚い壁に跳ね返されることもしばしばです。

カミングアウトするかしないか

就学時健診でチェックされないでそのまま通過し、通常学級への就学通知が来たけれど、落ち着きのなさやこだわりが心配……ということはよくあることです。そうしたときに学校に発達のことや診断のことを告げるか告げないか……これも悩みです。告げてしまうと色眼鏡で見られるのではないか、告げないで入って後で問題が起きるとそのことで責められるのではないか……心配はいろいろあります。

私の考えは以下のとおりです。

学校に入るにあたって、何か支援が必要であると感じられ、それを要求するのであれば診断名を告げ、支援を要請する。支援が不要であり、まずはありのままで通常学級に就学してみようと考えるのであれば、とりあえずはカミングアウトしないで就学する、ということです。

支援について学校との相談

子どもについてきちんと状況を知ってもらいたい、そして何らかの支援が必要であると考えられる場合には、入学前に学校を訪問します。時期は就学通知が来てから2月いっぱいが目安です。3月に入ると学校は卒業関連の行事などで忙しくなります。

子どものことで相談したいので学校を訪問することを伝え、日時を約束すると、校長、教頭、養護教諭、特別支援コーディネーターなど一般的には複数の職員で対応してくれます。この時期は人事異動の前ですし、担任も決まっていませんから、学校としての対応になります。

そのときには子どもの状況や支援の希望についてまとめた書類を作成し、持参します。作成の仕方は拙著『自閉症スペクトラム障害』（岩波書店、２０１２年）を参考にしてください。

都道府県や市区町村では発達障害についての支援ブックやシートを作成していて、それを使うように勧められることもありますが、すべての項目が必要というわけではなく、またページ数も多いようなので、簡略化できるのであればA４で2ページくらいにしてパソコンで作成し、プリントアウトして持参することを勧めています。

話だけですと、伝言ゲームのようになってしまい共通認識は得られませんが、紙にすればそれをもとに話を展開させられますので、共通認識も得られやすいと思います。

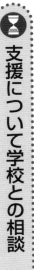

「この子はこういうところがいいところ。しかしこういう問題点を抱えている。そして、こういう対応をしてほしい」といったことをまとめます。さらに支援について、座席の位置の希望や、質問の仕方や指示の出し方についても希望を出すことができます。

もちろん人的配置の問題もありますので、すべてが叶えられるわけではありません。加配やシャドー（療育関係者などの付き添い）については認めている市区町村もありますが、最終的には校長の判断としているところが多いようです。

どの程度その市区町村でこうしたことが行なわれているかは、もし希望されるのであれば事前に情報を得ておく必要があります。そうでないとなかなか希望が出しにくいと思います。

学校生活に慣れる準備

就学が近づいてきたら、学校に慣れる準備も必要になってきます。混乱しそうだったら入学式の会場を事前に見せてもらったり、通学路を確認して何度も往復してみたり、することはたくさんあります。

前著にも具体的に多くの問題点の解決についてはまとめてありますので、就学に向けてできないことができるようになるように練習してみてください。参考図書の『発達障害がある子のためのおうちでできる就学準備』（道城裕貴・寺口雅美著、合同出版、２０１５年）にもいろいろなことがくわしく書いてあります。

1年生の時間割の見本をもらって、それに沿って生活してみることもお勧めです。学校では行動の基準はチャイムの音です。この音は学校によっても違いますので、就学する学校のチャイムを録音して、家庭でもそれを合図に行動する練習が有効な場合もあります。

学校に入れば学習が始まります。行動やコミュニケーションに課題を抱えている場合には、国語と算数だけでかまいませんから、可能であれば学習を先取りすることもお勧めしています。

先に学習してしまうと授業で退屈するのではないかと考える保護者もいますが、先取りして理解を深めておくことは、まず不利にはなりません。就学時に1学期の分、欲張れば1年分を先取りすることも目標の一つです。もちろんできるならもっと先取りしてもかまいません。行動やコミュニケーションの問題を抱えている場合にさらに学習面での遅れを抱えると、通常学級では「暮らしにくい」状況になりがちです。また、学習を先取りするときは遊びながらするのではなく、机に向かって集中する練習もしておきましょう。

現在の教育システムはそれなりに優れたものだとは思いますが、すべての子どもたちがそれに合わせるべきかということには疑問も残ります。しかし、小学校で時間を過ごすのであれば、ときにはそれに合わせることが必要になってきます。

第9章 就学の後は

就学したからそれでゴールインではありません。人生の階段はまだまだ続いていきます。たとえ通常学級で就学できなかったとしても、努力を重ねて中学校までに通常学級に在籍級が変更になることもあります。また就学先が特別支援学校であったとしても、どうやって成人になったときの時給を10円でも高くするかの努力は必要です。

すべき努力は子どもの頃からしておかないと、成人になってから慌てても遅いのです。成人になるまでのこれからの15年間に何をどのように計画しておくかが、それから先の50年間の人生を支えます。

外来診療でよくお話しすることですが、たとえばお金の計算ができるかできないかで時給は100円以上違います。時給で100円ということは50年間でいくらの差になるのでしょうか?もちろんお金の計算以外にもさまざまなコミュニケーションや学習能力、日常生活習慣の獲得など、することはたくさんあります。

セルフ・エスティーム（self-esteem）はいつも重要

就学前も、就学してからも、そして大人になってからも、どのような状況にあってもself-esteemは大切です。

Self-esteemは「自尊感情」「自尊心」「自分を大切に思うこと」などさまざまに訳されます。私たちが生きていくために、自分に自信が持てることや自分を大切にできることはとっても大切なことで、これは発達障害を抱えていてもいなくても同じです。

発達障害を抱えている場合には、行動やコミュニケーションの課題を抱えることが多く、どうしても叱られたり注意されたりしやすく、滅多にほめられることはないのでself-esteemは低下しがちです。しかし、そうした問題点をＬＳＴでほめながら解決して、笑顔を確保することは前著でご説明したとおりです。

Self-esteemが低ければ二次障害も出やすくなります。それは知的レベルによらず、共通課題でもあります。

就学まではと思って一生懸命ほめてきたけれど、就学したので気が抜けた……。通常学級を目指してきたけれども叶わなかったので心が折れた……。そうなってしまうと子どもたちをほめたり笑顔で接したりすることが少なくなりがちですし、それでは子どものself-esteemも、そしておそらく保護者の self-esteem も低くなります。
人生はまだ始まったばかりです。階段ものぼり始めたばかりです。うまくいっていてもいなくても、笑顔と self-esteem は確保しましょう。

早起きは十文の得

就学すると、学校もあるし療育もしたいし宿題もしなければいけないし、子どもは遊びたがるし……時間がない。そんな話をよく聞きます。

午後から夜にかけての短い時間にすべてを詰め込んで、叱咤《しった》激励して（あるいは罵声を浴びせながら）ベッドに追いやる。それでは楽しいはずがありませんし、おそらく親子とも不満でいっぱいだと思います。

こんなときには早起きをさせてください。30分早く起きるだけで療育の時間ができます。1時間早く起きればもっとできます。きちんとした睡眠がとれていることが前提ですが、療育は朝が一番効果が上がるように感じています。

何も療育でなくても軽い運動や漢字や計算練習などでもよいのです。すっきりとした朝は能率も上がりやすいと思います。早起きは三文どころか十文の得とお話ししています。

自由時間の使い方

就学したけれども、授業時間中はともかく休み時間などの自由時間がうまく使えない、友だちとうまくかかわれないなどの相談もよくあります。

発達障害を抱えていると、「何をしてもよい時間」は、しばしば混乱のもとです。何をしてもよいと言われて、実際に校門から外に出て公園に遊びに行った子どももいます。

自由時間のように「何をしてもよい時間」には、実際にはしてもいいこととといけないことの暗黙の了解がありますが、その暗黙の了解は発達障害を抱えている場合には、子どもであっても大人であっても感覚的には理解できないことが多いので、慣れるまでは指示を出すことが基本です。

小学校低学年の場合には、最初は「休み時間は本を読んでいてね」「自由帳に絵を描いていてね」など、簡単な指示を出して実行させ、学校生活に慣れてきたら「本を読んでいる？　自由帳に絵を描く？」などと選択させる指示を出します。

友だちと一緒に遊ぶという指示は、十分にその空間に慣れてからでかまいませんし、焦って友だちをつくろうとするほうが失敗しやすいと感じています。まねをして行動しても不適切な行動にはなりにくく、ほめられる可能性が高いので、クラスのリーダー的な子どもと一緒に行動してみる方法もあります。「友だちがいて当たり前」ではなく「友だちができたらすごい」という感覚でいてください。

席は最前列中央?

注意がそれやすいので席は最前列中央、と決まり文句のように言われることがあります。実際に学校との相談の場でもそう言われることが多いのですが、最前列中央では先生しか見えず、ほかの子の行動をまねすること(モデリング)ができないため、最初はともかくその後もずっと最前列中央の席がよいとは限らないと思います。

せいぜい教室で座っていることに慣れるまでで、慣れてきたら2列目、3列目くらいの席で、先生の指示を聞き漏らしても、ほかの子の行動を見てまねをすることができるようになればよいと考えています。

なお多動があったり、発達性協調運動障害があったりして座っていられない、座り続けていられない場合には、最前列中央はそもそも無理です。その席に座っている子がしょっちゅう立ち歩いたり、姿勢が崩れたりしていると、とくに小学校1年生では周囲にその状況が伝染し、多くの子が立ち歩くようになり学級崩壊の原因になる恐れがあります。

以前、学級崩壊への介入を頼まれて学校に行ったときにも、新学期に立ち歩く子を最前列中央に座らせていたことが混乱の原因だったことがあります。それは、クラスにとってもその子にとってもうれしいことではありません。

テストは赤丸と青丸

テストが返ってきて、点数が低かった……、×がついていて子どもが怒っていた……、テストを隠して見せなかった……。

よくあることです。テストは「どこまで理解したか」を確認するものですが、逆に言えば「ここまでは理解していてほしいこと」です。であるとすれば、できたところには赤で○をつけ、できなかったところや間違ったところには何もつけない。点数のみ赤で記入してもらう（場合によってはそれもしない）。そんな方法もあります。

できなかったところや間違ったところは、家で復習して正解を記入させ、保護者が青で○をつけます。そして最後に青で100点にします。学習の先取りをしたので理解はできていたにもかかわらず、ケアレスミスということもしばしばあります。もちろん理解が十分ではない場合には、学習内容をスモールステップに分けて、少しずつ理解させていくことが大切です。

青の100点のその先に赤の100点が待っていると思います。そうしたくり返しで赤の100点を実現した子は何人もいます。

就学は人生の一つ目のゲートをくぐったにすぎないので、ゴールはまだまだ先だと考えてください。ここでの「できる」「できない」の結論や烙印《らくいん》は、意味がないと私は考えています。

無理に登校しない

いくら楽しそうに通学していたとしても、いろいろな問題を抱えてくることもありますし、うまくいかなくて登校したくない場合もあります。行き渋りに対しては思い切って休ませてかまいません、とお話ししています。

多くの場合には、家にいて一人で時間割をこなすよりは、友だちと話したり遊んだりすることが楽しいので、これならば学校に行っていたほうが楽だと子ども自身が感じることもよくあります。その場合には登校が自然に再開します。

いじめであったり、担任からの過度の指導があったりする場合には、それから逃れることができるので学校を休めば精神的には落ち着きます。

ただし、一日中着替えないでゲームをしたり、テレビを見ていたりするのではだめです。「休んだことで自分が得をする」と子どもに感じさせないことが大切です。着替えて学校の時間割と同じような生活にしてください。国語の時間は国語、図工の時間は図工です。体育の時間は縄跳びにでも挑戦してください。トランポリンがあればそれでもかまいません。

給食の時間は食べることだけではなく、親子で話をする時間にします。学校のことや友だちのことなどいろいろ話してみてください。

保護者が両方就労している場合にはこれは簡単ではないかもしれません。しかし、行き渋りを無理して登校させていることで事態が悪化することもあります。行き渋りは最初のサインかもしれません。そこできちんと対応しておくことは子どもを守ることにもつながります。

不登校といじめ

行き渋りを励ましたり叱ったりして無理に登校させていれば、多くの場合には不登校になります。いきなり不登校になってしまうこともあります。不登校は病名ではなく、疾患や経済的以外の理由で学校を30日以上休んでいるという状態にすぎません。そこにはさまざまな理由や原因があります。

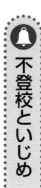

たとえ体の症状であってもこころの問題を抱えていることもあります。トイレから出られなくて学校に行けない過敏性腸症候群では、精神的な理由で症状が悪化しますし、それによってさらに精神的な状況が悪化することもあります。

就学後にはいじめの問題が発生することもあります。いじめは多くの場合、特定の個人に対して複数で行なわれることが多いですから（物を隠すなどの場合にはなかなか加害者がわからないこともあります）、精神的にも追い込まれやすくなります。

いじめがあるとわかったら学校にきちんと通告することと、無理に登校させないことが大切です。そうでないと子どもは守れません。学校はいじめの事実を知っていたとしても「学校に来られるのであれば大したことはない」と考えがちです。

前著にはもう少しくわしく書きましたので参考にしてください。

ASDの療育は続く

「就学するまではABAなどの療育を集中的に行なったが、就学したし、忙しくなったのでやめた」「それまで依頼していたエージェントに、就学したので終了だと言われた」という話をよく聞きます。

前著で書いたLSTには実際にはABAの手法やCBT（Cognitive Behavior Therapy：認知行動療法）の手法もいくつも用いています。療育的な対応は、就学したら終わりというわけではありません。ABAをはじめとするさまざまな手法は、就学後にも応用できるものがほとんどです。

たしかに学童期以降にABAを指導してくれるところは少ないですし、何よりも就学後には学習が増えていきます。しかし、学習においてもスモールステップで少しずつは、療育と何ら変わるところはありませんし、成功体験を重ねることもまったく同じです。就学までの経験から療育的な対応が自然に身についていて、それを学習にも応用できるようになることが一番だと考えています。

「いつまでもご褒美をあげたり、ほめたりしなければするべきことができないんだ」という声に対しては、大人だって給料をもらわなければ働きませんし、ほめられたければほめられるべき行動を進んでするようになる、とお話ししています。

たとえばお手伝いに対して子どもが積極的でなかったとしたら、それまでの課題設定に無理があったか、ほめたりほめなかったりしていたか、多くはそのどちらかです。その場合には、やはりほめることを中心にして、スモールステップでできることを少しずつ増やします。

就学後に増える学習においても、ほめることを中心に、スモールステップで少しずつを心がけましょう

ADHDのストライクゾーン

前著でもご説明したようにADHDでは不注意や多動、衝動の症状があり、それらの症状があることで社会生活にも支障をきたします。

しかし、どの程度の刺激や状況で不注意や多動、衝動の症状が出るのかはさまざまであり、少しの刺激で症状が出る場合もあれば、相当の刺激でないと症状が出ない場合もあります。言ってみれば反応するストライクゾーンの大きさが違うということです。

たとえば不注意の症状があり、宿題はしたくない、努力をすることは嫌いでも、自分にとって興味のあるスーパーマ

子どもたちが反応するストライクゾーンの大きさはさまざまです。まずはLSTでストライクゾーンを縮めることから始めましょう

リオのゲームなら大好きという子どももいます。

この場合でもスーパーマリオのゲームをしている最中に、ついうっかりと途中のコインやアイテムをとり逃がす子もいれば、普段は不注意の症状があっても、ゲームをするときにはそこはしっかりと確保している子もいます。同じように不注意の症状があるといっても、その強さには違いがあります。

先生から離れていると指示の通りにくい子どもたちへの補助的な支援方法としては、高価なのが難点ですが、FM電波を用いた補聴システムで、フォナック社のロジャーという製品もあります（http://www.phonak.jp/products/roger/）。

なお、わが国ではADHDと診断されれば薬剤が多くの場合に処方されていますが、前著でもご説明しましたように、まずLSTでストライクゾーンを狭くする、それでも学校を含めた社会生活上の困難が大きければ薬剤の使用を考慮する、という順番だと考えています。

読字障害の早期診断

学習障害（DSM-5では限局性学習症のなか）でもっとも多いのが、発達性読み書き障害と呼ばれるディスレクシア（dyslexia）です。就学前にひらがなや読み書きの先取り学習をしていない場合には、基本的には診断も学習が始まる就学後以降が多くなります。

就学して早く見つける方法の一つがひらがなの即時読みです。

子どもたちは、ひらがなを覚え始めのうちは、「は」と「ほ」で迷うのですが、そのうち瞬時に読めるようになります。歩きだしはよちよち歩きなのに気がついてみたら早歩きになっていることに似ているかもしれません。

いつまでたっても「は」と「ほ」や「あ」と「ゆ」、「ね」と「ぬ」などの区別がつきにくく、考えてから正解が出るような場合には疑ってもよいかもしれません。くわしくは前著を参照してください。

また、小枝達也先生（現在は国立成育医療研究センター）の開発された、「ディスレクシアのための音読指導用アプリ」（ウィンドウズ、iPhone、iPad、アンドロイド版）が、「鳥取大学解読指導」とネットで検索すれば無料で入手できます。

二次障害を防ぐということ

不登校に限らず、うつ病やパニック障害、強迫性障害などの二次障害は思春期以降になって増加してくると言われています。反抗挑戦性障害の一部でもある「キレる」といった行動も多くは二次障害だと思います。

保護者の方は二次障害が出たらどうしようかと先の心配をされることが多いのですが、直接的に二次障害を予防する方法はおそらくありません。間接的にはLSTなどでself-esteemを下げないことがとても大切です。

思春期はただでさえself-esteemの揺れ幅の大きな時期です。ちょっとしたことで落ち込んだり舞い上がったりしがちですが、self-esteemの低い子どものほうが落ち込みの度合いが大きい、すなわち二次障害のリスクが高くなるのではないかと臨床的には感じています。

思春期の自我の形成期には、親子でお互いに存在を尊重（respect）することが重要ではないでしょうか。

今だけではなく20歳になったとき

くり返しますが、就学はゴールではありません。20歳になったときにどうなっているのか、どこでどうやって暮らしているかということがゴールに近いと思います。そこまでにきちんと飛行機が上昇し、安定した飛行ができることが目標だと考えています。

目標設定は高ければよいというものではありません。しかし、ピグマリオン効果を信じて、できることを増やすということも大切です。

・社会で生活していくための生活習慣の獲得

・社会で生活していくためのコミュニケーション能力の獲得
・社会で生活していくための運動能力の獲得
・社会で生活していくための学習能力の獲得
・社会で生活していくための「稼ぐ方法」の獲得

これらを身につけること、そしてそれぞれの発達段階で、どのように「具体的な」計画に基づいてこれらを達成していくか、それがこれから大人になるまでの15年間に求められていると考えています。

あとがき

自閉症スペクトラム障害を抱えた子どもたちが、いつの間にか自分の外来に増えてくるようになってから、いろいろな迷いや対応の模索のなかで、何となくこうすればいいかなというイメージはできるようになってきましたが、なかなかそれを言語化することができませんでした。ようやく「つ・な・が・る」という表現でそれを表すことができるようになり、それをどうすればより上手にできるかを考えてきました。

外来診療は技術的対応ですから、それなりの練習も再現性も必要です。それを積むことによって少しでも上手になれたらとも考えています。

外来診療には子どもや大人がクライアント（患者さん、相談者）としていらっしゃいます。そこで実際に接してみながら、できることを増やしていきたいと考えてきました。そして一つでもいいから、現在の社会生活上の困難への対応や将来の展望につながる「おみやげ」を持って帰ってもらおうと願ってきました。

もちろん全部うまくいっているわけでは決してありません。そのおみやげも、本書で紹介した技術的対応の多くも、外来診療をしながら見つけたものが多いと思います。その意味でも、多くの子どもたちや大人たちからたくさんのことを学ぶこともできました。

子どもたちの診療をしていると多くの場合にはお母さんが付き添って来られます。子どもを支えようとする努力に敬服するとともに、一方でそんなお母さんたちは「母親なんだからちゃんとしなくちゃ」と自分で自分にプレッシャーをかけていることもあります。もっと気楽に楽しくできるようにお手伝いしたいと考えています。

私はただ寄り添うのではなく、できることを一緒に考えてそれを実行してもらい、子どもが変わっていくなかでお母さんの気持ちがほぐれてくれればと願っています。母親であるのは生物学的な事実であっても、それは「母親の役割」を他人から押しつけられ、強制されるものではないと考えています。

家庭でできることをたくさんまとめてみると、何だかお母さんたちの仕事を増やしているのではないかという疑問にかられるときもありますが、私自身が目指しているのは、可能であれば親子で共有できる笑顔です。それを支えることができるサポーターになることができればと願っています。

最後になりますが、本書の出版にあたり、さまざまなご指摘やチェックをしていただいた、あきやま子どもクリニックの秋山千枝子院長、東京大学医学部附属病院小児科の太田さやか先生、仙台のさかいゆりえさん、合同出版編集長の坂上美樹さん、編集部の金詩英さん、イラストを丁寧に書いていていただいた藤原ヒロコさんにこころより感謝いたします。

２０１５年11月　平岩幹男

参考図書

ライフスキル

Life skills education for children and adolescents in schools. In programme on mental health. World Health Organization. Geneva 1997

10項目の子どもにとって必要な生活スキルの教育について解説しています。

『発達障害児へのライフスキルトレーニング：ＬＳＴ ──学校・家庭・医療機関でできる練習法』（平岩幹男著、合同出版、２０１５）

学童期の発達障害を抱えた子どもたちへの対応をまとめた教師や保護者向けの本です。

発達障害全体

『みんなに知ってもらいたい発達障害──高機能自閉症とＡＤＨＤを中心に』（平岩幹男著、診断と治療社、２００７）

発達障害について私が初めてまとめた本です。高機能自閉症とＡＤＨＤが中心です。

『発達障害の理解と対応 改訂第2版（小児科臨床ピクシス2）』（平岩幹男専門編集、中山書店、２０１４）

発達障害全般についてまとめました。いろいろな方にご協力いただきました。

『幼稚園・保育園での発達障害の考え方と対応』（平岩幹男著、少年写真新聞社、２００８）

幼稚園・保育園でのＡＤＨＤや高機能自閉症についての考え方や対応をまとめました。

『幼稚園・保育園での発達障害の考え方と対応──役に立つ実践編』（平岩幹男著、少年写真新聞社、２０１０）

実際の対応を中心にまとめました。

『地域保健活動のための発達障害の知識と対応──ライフサイクルを通じた支援に向けて』（平岩幹男著、医学書院、２００８）

保健師や行政関係者への発達障害についての解説が中心です。

『発達障害――子どもを診る医師に知っておいてほしいこと』（平岩幹男著、金原出版、２００９）
小児科を含めた医師向けの本です。表現はなるべくやさしくしました。

『発達障害がある子のためのおうちでできる就学準備』（道城裕貴・寺口雅美著、合同出版、２０１６）
学校の予行演習を家庭で行なうための具体的なやり方をまとめています。

『乳幼児健診ハンドブック 改訂第4版』（平岩幹男著、診断と治療社、２０１５）
乳幼児健診全般および発達障害についてもまとめています。

『不登校といじめ――その背景とアドバイス（小児科臨床ピクシス15）』（平岩幹男専門編集、中山書店、２０１０）
不登校、いじめについてまとめましたが、発達障害との関連にも触れています。

ＡＳＤについて

『自閉症スペクトラム障害――療育と対応を考える』（平岩幹男著、岩波書店、２０１２）
スペクトラムとしてのＡＳＤについて療育的な対応も含めてまとめました。

『Ａｕｔｉｓｍ』（アメリカ小児科学会編／岡明・平岩幹男監訳、日本小児医事出版社、２０１５）
アメリカでのＡＳＤの診断から対応、療育福祉サービスについてまとめられています。わが国との差に愕然とする部分もあります。

『わが子よ、声を聞かせて――自閉症と闘った母と子』（キャサリン・モーリス著／山村宜子訳、日本放送出版協会、１９９４）
アメリカでのＡＳＤへの対応の経緯がよくわかります。

『自閉症スペクトル――親と専門家のためのガイドブック』（ローナ・ウィング著／久保紘章・佐々木正美・清水康夫監訳、東京書籍、１９９８）
ローナ・ウィングさんの名著です。

『高機能自閉症児を育てる――息子・Ｔの自立を育てた20年の記録』（高橋和子著、小学館、２０１０）
高機能ＡＳＤを抱えた息子さんの幼児期から大学生までの記録です。問題点への対処法も書かれています。

ＡＳＤ療育について

『ＡＢＡプログラムハンドブック――自閉症を抱える子どものための体系的療育法』（Ｊ・タイラー・フォーベル著／塩田玲子訳／平岩幹男監訳、明石書店、２０１２）

ＡＢＡの全体がわかりやすく理解できると思います。

『自閉症を克服する――行動分析で子どもの人生が変わる』（リン・カーン・ケーゲル、クレア・ラゼブニック著／八坂ありさ訳／中野良顕監修、日本放送出版協会、２００５）

自閉症に対する評価やＰＲＴ的対応についても述べられています。

『自閉症スペクトラムへのＡＢＡ入門――親と教師のためのガイド』（シーラ・リッチマン著／テーラー幸恵訳／井上雅彦・奥田健次監訳、東京書籍、２０１５）

ＡＢＡ全般から地域での対応まで幅広くふれられています。

『家族の体験記から学ぶ 発達障がい ＡＢＡファーストブック』（行動・教育コンサルティング［ＢＥＣ］編／上村裕章・吉野智富美著、学苑社、２０１０）

ＡＢＡについて療育の概要から家族の体験記までまとめられています。

『ＴＥＡＣＣＨビジュアル図鑑――自閉症児のための絵で見る構造化』（佐々木正美著、学研教育出版、２００４）

小学校以上を対象とした目で見る構造化のガイドブックです。

『ＴＥＡＣＣＨとは何か――自閉症スペクトラム障害の人へのトータル・アプローチ』（ゲーリー・Ｂ・メジボフ、エリック・ショプラー著／服巻智子・服巻繁訳、エンパワメント研究所、２００７）

ＴＥＡＣＣＨの全体についてまとめられています。

『自閉症児と絵カードでコミュニケーション――ＰＥＣＳとＡＡＣ』（アンディ・ボンディ、ロリ・フロスト著／園山繁樹・竹内康二訳、二瓶社、２００６）

絵カード交換システム（ＰＥＣＳ）についてまとめられています。

『ソーシャルスキルトレーニング（ＳＳＴ）絵カード』（ことばと発達の学習室Ｍ編著、エスコアール）

いくつかのシリーズがあり、一日の生活の流れや危険回避などの練習に使えます。

『スキナーの心理学――応用行動分析学（ＡＢＡ）の誕生』（ウィリアム・Ｔ・オドノヒュー、カイル・Ｅ・ファーガソン著／佐久間徹監訳、二瓶社、２００５）

スキナーの膨大な著書から、スキナーの考え方や業績をまとめています。

『行動分析学入門――ヒトの行動の思いがけない理由』（杉山尚子著、集英社、２００５）

行動分析によって何がわかるか、現在の学問の方向性とともに解説しています。

Yoko Kamio, Hideyuki Haraguchi, Atsuko Miyake and Mikio Hiraiwa：Brief report: large individual variation in outcomes of autistic children receiving low-intensity behavioral interventions in community settings. Child and Adolescent Psychiatry and Mental Health (2015) 9:6

その他

『小児科医がつくった　ゆっくりさんすうプリント10までのかず』（武田洋子著、小学館、２００７）

算数の学習の先取りをするときにお勧めです。

『気になる子どものできた！　が増える 体の動き指導アラカルト』（笹田 哲著、中央法規出版、２０１２）

運動の苦手な子のための指導書。

『発達障害の子どもを伸ばす魔法の言葉かけ』（shizu 著／平岩幹男監修、講談社、２０１３）

発達障害に限らずすべての子どもに使える言葉かけの実例集。

『言語発達の遅れを契機に診断されたＡＳＤスペクトラム障害とその就学先：その１』（平岩幹男、平成26年度障害者対策総合研究事業［厚生労働省］、神尾班研究報告書２分冊の１、29～39ページ、２０１５）

●著者紹介

平岩幹男（ひらいわ・みきお）

1951年福岡県戸畑市（現・北九州市）生まれ。1976年東京大学医学部卒業後、三井記念病院小児科、1978年帝京大学医学部小児科、1992年埼玉県戸田市立医療保健センターに勤める。2001年母子保健奨励賞、毎日新聞社賞受賞。2007年同退職、Rabbit Developmental Researchを開設。日本小児科学会監事、国立研究開発法人国立成育医療研究センター理事などを歴任。現在は日本小児保健協会常任理事、埼玉小児保健協会会長、東京大学医学部附属病院小児科非常勤講師、なかじまクリニック発達外来など。小児科専門医。身体障害福祉法指定医（肢体不自由）。

・主な著書

『みんなに知ってもらいたい発達障害――高機能自閉症とADHDを中心に』（診断と治療社、2007）
『幼稚園・保育園での発達障害の考え方と対応』（少年写真新聞社、2008）
『発達障害――子どもを診る医師に知っておいてほしいこと』（金原出版、2009）
『あきらめないで！ 自閉症：幼児編』（講談社、2010）
『幼稚園・保育園での発達障害の考え方と対応――役に立つ実践編』（少年写真新聞社、2010）
『自閉症スペクトラム障害――療育と対応を考える』（岩波書店、2012）
『乳幼児健診ハンドブック 改訂第4版』（診断と治療社、2015）
『発達障害児へのライフスキルトレーニング：LST ――学校・家庭・医療機関でできる練習法』（合同出版、2015）

・ホームページ　http://rabbit.ciao.jp/

写真提供　ピンセット箸：株式会社 青芳製作所「楽々箸」
　　　　　エジソン箸：株式会社ケイジェイシー「エジソンのお箸 I」
装　　幀　後藤葉子（森デザイン室）
イラスト　藤原ヒロコ
組　　版　Shima.

自閉症・発達障害を疑われたとき・疑ったとき
——不安を笑顔へ変える 乳幼児期の LST

2015 年 11 月 30 日　第 1 刷発行
2021 年 4 月 20 日　第 3 刷発行

著　　者　平岩幹男
発 行 者　坂上美樹
発 行 所　合同出版株式会社
　　　　　東京都小金井市関野町 1-6-10
　　　　　郵便番号 184-0001
　　　　　電話 042（401）2930
　　　　　ホームページ http://www.godo-shuppan.co.jp/
　　　　　振替　00180-9-65422
印刷・製本　株式会社シナノ

ISBN978-4-7726-1259-3　NDC370　210 × 148